**삶에 사랑이 없다면,
그 무엇이 의미 있으랴**

이근오 엮음 | 세계철학전집 에리히 프롬편 | VER. 004

삶에 사랑이 없다면, 그 무엇이 의미 있으랴

Erich Fromm

모티브

사랑은, 인간존재에 대한
이성적이고 만족스러운
유일한 해답이다.

- 에리히 프롬 -

Erich Fromm

1900. 03. 23 - 1980. 03. 18

프롤로그

나는 어렸을 때부터 사랑이 너무나도 어려웠다. 마음을 주면 떠나가는 이들도 있고, 내가 관심이 없는 사람이 나를 좋아할 때도 있었으며, 또 서로가 마음이 통했더라도 시간이 지나버리면 무감각해지니. 어느 장단에 맞춰야 할지 몰랐다. 그래서 때로는 사랑이 그저 일시적인 감정이 아닐까 싶었다. 하지만 분명, 그럼에도 맞춰가고 행복하게 사는 이들이 있었기에 그에 대한 해답을 끊임없이 고민했다. 그러다, 에리히 프롬의 '사랑

의 철학'을 만났다. 그는 사랑은 감정이 아니라 기술이며, 배우지 않으면 진정한 사랑을 할 수 없다고 말했다. 나는 그의 철학을 통해 처음으로 사랑에 대해 배웠다. 관심이 무엇인지, 책임이 무엇인지, 존중이 무엇인지. 그리고 사랑받는 것보다 사랑하는 것이 얼마나 더 행복한 일인지 알게 되었다. 우리는 살면서 언젠가 한 번은 사랑을 겪게 된다. 그리고 그 과정에서 아프기도 하고 울기도 하며, 또 기뻐도 할 것이다. 하지만 확실한 건, 에리히 프롬의 철학을 만난 뒤에는 어린아이와 같던 우리의 사랑이 성숙해질 것이다. 그렇다고 꼭 이 책이 사랑의 정답을 알려주지는 않는다. 다만, 나처럼 사랑이 어려웠던 이에게, 사랑받지 못해 아팠던 이에게, 그리고 여전히 사랑을 믿고 싶은 이에게 그리고 진지한 사랑을 하고 싶은 이에게 잔잔한 위로와 깨달음을 줄 것이다. 그럼 에리히 프롬의 지혜와 함께, 사랑의 진정한 의미를 알아보도록 하자. 이 책은 그의 저서 『소유냐 존재냐』와 『사랑의 기술』 그리고 『자유로부터의 도피』의 내용을 토대로 현대에 맞게 재구성되었다. 사랑에 정답은 없지만, 누군가는 아픔을 겪을 날이 기어코 찾아올 것이다. 하지만 그의 철학을 알고 있다면, 관계가 무너지고, 마음이 식고, 더는 사랑을 믿을 수 없을 때, 그의 철학이 당신에게 올바른 질문을 던져 줄 것이다. 왜 아팠는지, 무엇을 놓쳤는지, 그리고 앞으로 어떻게 사랑하고 싶은지를 말이다. 그 질문들은 우리를 다시 사랑 앞에 서게 만들고, 같은 실수를 반복하지 않게 도와준다. 사랑을 진심으로 마주하고자 하는 사람에게, 이 책이 그 길잡이가 되어줄 것이라 믿어 의심치 않는다.

- 엮은이, **이근오** -

차례

프롤로그   007

Chapter. 01 | 소유에 지배당한 인간

01. 소유의 삶이냐 존재의 삶이냐   016
02. 가진 만큼 존재한다고 믿는 사람들   019
03. 소유의 결핍   022
04. 소유와 존재의 삶의 방식   026
05. 소유 방식의 사람은 왜 쉽게 변하지 못하는가   036
06. 존재의 시작   040
07. 존재를 느끼고 깨닫는 삶의 방식   043
08. 이루는 삶보다, 되어가는 삶을 꿈꿔라   046
09. 존재 중심의 사랑이란 무엇인가   050

Chapter. 02 | 사랑의 종류

01. 사람을 사람으로 대하는 마음 — 형제애적 사랑   056
02. 있는 그대로 품는 사랑 — 모성적 사랑   060
03. 서로에게 다가가려는 용기 — 에로스적 사랑   064
04. 이기심과 자기애 — 자기애적 사랑   067
05. 삶을 향한 경외와 연결감 — 신에 대한 사랑   071

Chapter. 03 | 어떤 사랑을 해야 하는가

01. 소유보다 자유   076
02. 의존적인 사랑   081
03. 사랑의 태도   085
04. 불안정한 연애   089
05. 안정적인 사랑   093

Chapter. 04 | 성숙한 사랑은 어떻게 하는 것인가

01. 데이트 비용으로 보는 성숙한 사랑   098
02. 이해심으로 보는 성숙한 사랑   101
03. 나다운 성숙함   104
04. 성숙한 사랑에 필요한 네 가지 요소   107
05. 성숙한 사랑과 미성숙한 사랑의 차이   111
06. 결핍에 의한 사랑   114
07. 각자의 개성을 살리는 일   118
08. 성숙한 사랑의 확장   123

Chapter. 05 사랑에 실패하는 이유

01. 자본주의   130
02. 유아적 애착   135
03. 사랑에 대한 환상   139
04. 투사적 메커니즘   143
05. 신에 대한 사랑   146

Chapter. 06 사랑을 왜 배워야 하는가

01. 합일과 분리   152
02. 자유와 고립   155
03. 외로움과 도피   158
04. 인간관계   162
05. 사랑은 감정일까 기술일까   165

Chapter. 07 | 사랑하는 법

01. 사랑은 티를 내야 한다   172
02. 져주는 사랑   175
03. 값으로 하는 사랑   178
04. 솔직해야 할까 숨겨야 할까   181
05. 정이 많은 연애   184
06. 눈치 보는 연애   188
07. 여자와 남자의 진심   191
08. 만나지 말아야 할 사람   194
09. 맞지 않는 사랑   197

Chapter. 08 | 이별

01. 권태기는 왜 오는 것일까   202
02. 보장 없는 사랑   205
03. 갑작스러운 이별   208
04. 잊어야 할 때   210
05. 끝났지만, 사랑이었기에   213

마무리하며   217

Chapter. 01

소유에 지배당한 인간

Erich Fromm

001

소유의 삶이냐
존재의 삶이냐

  에리히 프롬의 《사랑의 기술》을 이해하기에 앞서, 그가 강조하는 "소유냐 존재냐 To Have or To Be?"를 먼저 이해할 필요가 있다. 그는 사랑을 배운다는 것은, 곧 살아가는 방식을 다시 묻는 일이라고 보았다. 그리고 그 방식의 출발점을 '소유 방식'과 '존재 방식' 두 가지로 구분했다. 소유의 방식은 말 그대로 무언가를 가지고 싶어 하는 마음이다. 지식, 돈, 명예, 사람 등 모든 것을 내 것으로 만들고, 소유해야만 안정감을 느끼고, 그래야 가치 있는 삶이라고 여기는 태도다. "나는 이 책을 가지고 있다", "그 사람은 내 사람이다"라는 말처럼, 삶을 소유를 통해 정의하려는 것이다. 반면 존재의 방식은 지금 이 순간을 살아가며 느끼고, 행동하고, 경험하는 데 중심을 둔다. "나는 지금 행복하다", "나는 사랑한다"와 같은 표현처럼, 자신이 어떤 상태로 존재하는지를 중요하게 여기는 것이다. 존재의 방식에서는 무언가를 소유하지 않아도, 스스로가 충분히 의미 있고 자유롭게 느낄 수 있다고 말한다. 반대로 소유 중심의 삶을 사는 사람은 스스로를 불안하게 만들고, 타인과의 관계에서도 지배하거나 소유하려는 욕망을 낳는다. 누군가를 사랑한다고 말하면서도 "내 사람"이라며 통제하려 하고, 지식을 추구하면서도 "내가 얼마나 아는가?"에 집착하는 태도는 결국 삶의 본질을 놓치는 일이다. 그래서 프롬은 '존재의 방식'이야말로 진정한 자유에 이르는 길이며, 사랑도 바로 그 자리에서 출발해야 한다고 말했다. 소유를 통해 삶을 채우는 것이 아니라, 존재를 통해 삶을 살아내고, 있는 그대로 사랑하는 것. 그런 그의 사상은 오늘날까지 '우리가 무엇을 가졌는가?'가 아니라 '어떤 상태로 살아가고 있는가?'라는 물음을 남기고 있다. 그래서 이번 장에는 소유와 존재의 대해 먼저 알아보도록 하겠다.

소유냐 존재냐?

To Have or To Be?

002

가진 만큼 존재한다고
믿는 사람들

 '소유 방식'과 '존재 방식'에 대한 이해를 돕기 위해 먼저 '소유'로 세상을 바라보는 사람들에 대해서 말해보려 한다. 소유의 방식으로 살아가는 사람들은 그 사람의 내면이 어떤지 보다는 어떤 옷을 입고, 어떤 차를 타며, 어떤 직업과 지위를 가졌는지가 곧 자신의 가치를 나타낸다고 믿는다. 프롬은 "현대 자본주의 사회에서 인간은 자기 자신을 포함한 모든 것을 상품처럼 여긴다. 그들은 자신을 '시장에 내놓는' 존재로 느끼며,

자신의 성공은 스스로의 '상품 가치'에 달려 있다고 믿는다."라고 말했다. 사람은 태어날 때 가진 것이 없이 태어나지만, 살아가면서 의식주를 해결하기 위해 자연스럽게 '소유' 중심의 삶을 살게 된다. 그래서 학벌, 직장, 집 등 소유의 목록이 늘어날수록 점점 더 안정감을 느끼고, 성공했다는 착각에 빠지게 되기도 한다. 이때 사람들은 자신이 소유한 것들을 곧 자신의 존재 자체를 증명하는 수단으로 바라보게 되는 것이다. 내가 누구인지보다는, 내가 무엇을 가졌는지가 중요해지고, 내가 무엇을 하고 있는지보다, 몇 등을 하고 있는지가 중요해진다. 이처럼, 가진 것으로 자신의 가치를 증명하는 것이 당연해진 사회에서 프롬은 '소유'와 '존재'를 구별하기 위해 하나의 질문을 던졌다. "내가 가진 것이 곧 나라면, 그것을 잃었을 때 나는 누구인가?" 소유에 집착하는 사람일수록 이 질문에 답하기를 어려워한다. 그들은 가진 것을 잃고 싶지 않아 두려워하고, 그 두려움은 더 이기적이고 폐쇄적인 사고를 하게 만들기 때문이다. 그래서 '소유의 방식'으로 사는 사람은 친구 관계나, 연인 사이에서도 자신이 바라보는 폐쇄적인 시각에 따라 '나에게 얼마나 도움이 될 만한 사람인가'를 먼저 보게 된다. 그래서일까. 프롬은 "소유 중심의 삶은 인간을 사물에 예속시키고, 결국 자유를 잃게 만든다."라고 말했다. 더 많은 것을 가지려는 마음은 나를 편하게 만들어 주는 것 같지만 결국, 자신을 얽매이게 만드는 것이다. 우리가 조심해야 할 한 가지는, 사람의 욕망은 끝이 없어 계속해서 더 좋은 집, 더 나은 차, 더 높은 지위 같은 것들을 원하게 된다는 것이다. 하지만 그 모든 것들은 단 한 번의 실패, 사고, 이별, 나이가 듦에 따라 언제든지 사라질 수 있다. 그래서 내가 소유의 삶을 살고 있지 않은지, 너무 가진 것에 집착하지는 않는지 돌아볼 필요가 있다. 가진 것을 잃는다고 해서 내가 무너지는 것이 아니라, 그것에 내가 전적으로 의존했기 때문에 무너지는 것이다. 이 점을 명심하고 '소유'가 아닌 '존재'에 중심을 둔 삶을 살기를 바란다.

소유 중심의 삶은 결국 자유를 잃게 만든다.

소유의 결핍

 대부분 소유의 삶을 살아가는 사람들에게 가장 중요한 것은 '무엇을 가졌는가'보다 '남들보다 더 많이 가졌는가'일 때가 많다. 그래서 그들은 지금 당장 필요한 것이 충족되었더라도, 옆 사람이 더 좋은 것을 가졌다는 이유 하나만으로 결핍을 느끼기도 한다. 에리히 프롬은 이러한 비교의 심리를 날카롭게 꿰뚫었다. 그가 말하길 "사람들은 더 많이 가지려 집착한다. 필요한 것이 있어서가 아니라, 비교의 함정에 빠졌기 때문이다."라고 했다. 실질적으로 오늘날 비교를 많이 하는 사람들이 이와 같은 소유욕에서 나오는 결핍일 때가 많다. 오늘은 옆자리의 동료와 비교하고, 내일은 SNS 속 누군가와 자신을 견주는 것이다. 그러나 작용이 있으면 반작용이 있는 법이다. 뉴턴의 제3 법칙을 아는가? 이는 두 물체가 상호작용을 할 때 서로 같은 크기의 힘을 반대 방향으로 가하게 되는 과학적 원리를 말한다. 예를 들어 A가 점프를 할 때, 땅을 힘껏 박차고 일어서는 순간, A는 위로 튀어 오른다. 땅을 아래로 밀어낸 만큼(작용), 땅도 A에게 같은 힘으로 위쪽으로 밀어내는(반작용) 것이다. 이처럼 작용에는 반드시 그에 상응하는 반작용이 돌아온다. 이는 보통 물리적인 것에 적용하지만, 사실 보이지 않는 것에도 존재한다. 상대가 나를 좋아하지 않는데도 그 사람의 마음을 얻고 싶어 억지로 가지려 들면, 상대도 '반작용'으로 저항하기 때문에 관계에서 더 멀어지게 된다는 것이다. 타인과의 비교에서 나오는 소유욕도 반작용을 얻게 된다. 즉, 내가 행복해지기 위해 가지려 했던 것이 더 결핍을 만들고 그 결핍이 나를 불행하게 만드는 것이다. 하지만 소유의 노예가 된 사람들은 그것을 기어코 가져야 행복할 것으로 생각하고, 가질 수 없는 존재나 실체가 없는 사랑과 같은 것에서도 소유를 꿈꾸게 된다. 결국, 그들은 가질 수 없는 것을 소유하려 했기 때문에 자신의 인생이 불행하다고 느끼게 되고, 설령 상대의 마음을 얻었더라도 더 이쁘고 멋진 사람을 보면 비교하기 때문에 끝없이 비교하는 사랑을 할 수밖에 없다. 그래서 소유의 시선으로 세상을 바라보는 사람들은 물질적인 것뿐만 아니라, 사람도 무언가를 충족시켜 주는 수단으로 보게 된다. "이 사람은 나를 얼마나 행복하게 해줄까?", "이 사람과 있으면 내 삶이 얼마나 나아질까?" 같이 생각하게 된다는 것이다. 하지만 사람은 소유를 내려놓을수록, 관계에서 덜 불안해지고 더 자유로워진다. 비교하지 않고, 얻으려 하지 않고, 있는 그대로의 나와 타인을 인정하는 삶을 살아야 한다. 만일 이처럼 자신이 비교에서 오는 소유욕을 갖고 있다면, 헛된 바람일 것이니 그만두길 바란다. 결국 그 끝에 남는 건 반작용으로 오는 불행밖에 없을 것이다.

> 사람들은 더 많이 가지려 집착한다.
> 필요한 것이 있어서가 아니라,
> 비교의 함정에 빠졌기 때문이다.

소유와 존재의
삶의 방식

　에리히 프롬은 인간의 잠재력을 온전히 펼칠 수 있는 방법은 '소유 방식'이 아니라 '존재 방식' 안에서만 가능하다고 말하며 '소유 방식'과 '존재 방식'에서 나오는 삶의 태도가 일상 속에서 어떻게 구체적으로 나타나는지를 섬세하게 분석했다. 그 결과 학습, 대화, 독서, 사랑, 믿음, 권위 등 우리의 삶에서 드러나는 일상적인 것에서도 위 두 방식은 명확히 다른 모습을 보여주었다. 프롬은 구체적 사례들을 통해 독자들이 자신이 어느 방식에 더 기울어져 있는지를 생각하게 만들며, 존재 방식으로서의 전환이 개인의 삶을 어떻게 풍요롭게 할 수 있는지를 제시했다. 그럼, 아래 글을 통해 프롬이 말한 삶의 두 방식을 직접 비교하고, 내가 지금 얼마나 소유의 방식으로 살아가고 있는지 확인해 보길 바란다.

1. 학습

소유의 방식에서, 학습은 정보를 외부에서 수집해 저장하는 데 중점을 둔다고 말한다. 학생들은 강의 내용을 기계처럼 받아 적고, 시험을 위해 암기하며, 졸업장이나 학위를, 자신을 드러내기 위한 상징으로 여긴다는 것이다. 프롬은 이를 두고 "학생들은 강의를 듣고 단어들을 노트에 담아 집에 가져간다. 그들은 노트를 외우고 시험에 합격하지만, 아무것도 생산하지 않는다"고 지적했다. 이러한 소유 중심의 학습 방식은 결과적으로 비판적 사고나 창의성을 저해하고, 배움을 단순히 어떤 성취물을 위한 수단으로 전락시키게 된다고 보았던 것이다. 그렇게 되면 지식은 더 이상 배움이 되는 게 아니라, 그저 '가져야 할 것'으로 인식되며, 학생들은 점점 더 수동적인 정보 소비자가 되어가게 된다. 반면 존재 양식의 학습은 지식 그 자체보다 '배움의 과정'에 더 큰 가치를 둔다고 말한다. 강의 내용을 그냥 받아들이는 것이 아니라, 능동적으로 듣고 질문하며, 기존의 경험과 사고와 연결해 의미를 구성해 나가는 것이다. 그래서 새로운 관점과 시각을 생성하는 창조적인 행위로 여겨진다고 보았다. 프롬은 이러한 존재 중심의 학습 태도를 이렇게 설명한다. "학생들은 새로운 생각과 질문, 관점을 생산한다. 그들의 마음은 능동적으로 작용하는 용광로이다." 다시 말해, 존재 양식의 학습은 단순히 지식을 '가지는 것'이 아니라, 지식을 배우며 그것을 일상 속 '필요한 것'으로 만들어내는 경험이라는 것이다. 이러한 학습은 창의력과 비판적 사고를 키우고, 배움 그 자체에서 즐거움과 자극을 발견하게 만든다. 이처럼 우리가 살면서 지식을 배울 때 얼마나 많은 정보를 가졌느냐가 아니라, 그 과정을 통해 얼마나 깊이 생각하고 스스로 성장했느냐로 볼 줄 아는 사람이 되어야 하는 것이다. 프롬은 존재 중심의 학습이야말로 진정한 지식의 힘이라고 강조했다. 우리도 무엇인가를 배울 때 존재의 방식으로 학습의 태도를 만들어갈 수 있으며, 끊임없이 질문하고 생각하는 과정에서 비로소 그것을 일상에 적용하고 설명할 수 있는 현명한 사람이 될 수 있을 것이다.

2. 대화

소유 방식의 대화는 자신의 의견이나 신념을 일종의 '소유물'로 간주하고, 그것을 지키고 확장하는 데 목적을 두기 때문에 쉽게 논쟁으로 변질되기도 한다. 또한 상대방과의 소통보다는 자신의 입장을 고수하고 관철하는 데 집중하며, 때로는 상대를 설득하거나 이기기 위한 전략으로 대화를 이용하기도 한다. 프롬은 "소유의 양식으로 살아가는 사람은 자신의 생각이나 신념을 소유물로 여기며, 이를 방어하고 지키려 한다. 그는 상대방의 반대를 위협으로 느끼며, 상대방을 경쟁자 또는 적으로 간주한다."고 말했다. 예를 들어 회의 중에 자신이 새로운 아이디어를 제시했을 때, 누군가 "그 아이디어가 별로인데요?"라고 말한다면, 소유 방식의 사람은 받아들이고 보완점을 찾아보는 게 아니라, 곧바로 반박하거나 깎아내리려 든다. 상대방의 말에서 배울 점을 찾기보다는, 자신의 주장이 흔들릴까 봐 방어적인 태도를 보이고, 끝까지 자신의 의견이 더 옳다는 것을 증명하려고 하는 것이다. 이런 사람에게 대화는 공감이 아닌 해석 싸움이 되고, 상대에게도 자신의 생각을 강요한다. 이처럼 작은 한마디에 괜히 크게 반응하고, 자신이 잘못된 걸 절대 인정 안 하는 사람이 소유 방식의 사고를 하는 사람이다. 반대로 존재 방식의 대화는 교육적 성격을 띠며, 열린 자세로 서로에게 배우고 성장하려는 태도가 중심이 된다. 예를 들어, 누군가 "나는 요즘 일이 너무 힘들어"라고 말했을 때, 존재 방식의 대화를 하는 사람은 바로 조언하거나 판단하지 않고, "그랬구나, 많이 힘들었겠다"라고 공감하며, 상대의 말 속에 담긴 마음을 이해하려고 노력한다. 이런 대화는 상대를 고치거나 이기기 위한 것이 아니라, 말을 나누는 사람 자체에 주목하며, 그 안에서 서로가 조금씩 더 따뜻하고 유연해질 수 있도록 돕는다. 프롬은 "존재의 양식에서는 서로가 상대방에게 열려 있고, 각자는 자신의 생각을 자유롭게 표현하며, 상대방의 생각으로부터 배우려 한다."고 말했다. 이처럼 존재 방식의 대화는 사람과 말하면 할수록 유대감이 형성되고, 서로 성장하는 기회를 만들게 되어 있다. 우리도 사람과 대화할 때 나의 주장에 급급하기보다는 상대의 말에 귀를 기울이고, 스스로 마음을 열어 표현하는 '존재의 방식'으로 대화하다 보면 상대방의 마음을 얻을 수 있게 될 것이다.

3. 독서

소유 방식의 독자는 책을 하나의 상품으로 여기며, 그 내용을 내가 얼마나 빠른 시간에 많은 양을 읽었는가에 집중한다. 프롬은 이를 "책을 다 읽었다고 말하며 마치 사냥꾼이 사냥감을 잡은 것처럼 여긴다"고 말했다. 이런 독서 방식은 본질적으로 수동적 소비에 머무르게 된다. 책의 내용을 깊이 있게 이해하거나 자신의 삶에 적용하려는 노력보다는, 단순히 정보를 축적하는 데 집중하게 된다는 것이다. 책을 구매하고도 읽지 않은 채 쌓아두는 사람들이 대표적인 예다. 이들은 책을 소유함으로써 지적 만족감을 얻으려 하지만, 실제로는 진정한 학습과 성장의 기회를 놓치고 있는 것이다. 반면 존재 양식의 독자는 책을 하나의 살아있는 존재로 대한다. 이들은 책 속 저자와의 진정한 대화를 통해 의미를 재구성하며, 능동적으로 독서에 참여한다. 프롬은 이를 "독자는 저자와 대화하며 자신의 내면이 자극받고 변화하는 것을 경험한다."고 말했다. 그래서 존재 방식의 독서는 정보 습득을 넘어 자기 성찰과 성장의 기회가 된다. 이들은 책을 읽으면서 자신의 삶에 연결시키고, 새로운 관점을 받아들이며, 궁극적으로 자신의 삶을 변화시킬 수 있게 된다. 이처럼 독서에도 소유와 존재의 방식을 볼 수 있다. 우리가 중요시해야 할 건, 독서도 그저 소유에 의해 쌓아두고 얼마나 내가 읽었느냐에 집중해야 할 게 아니라, 책을 한 권을 읽었더라도 그 속에서 배우고 또 얻을 수 있는 사람이 되어야 한다는 것이다. 책을 삶 속에 녹여낼 수 있을 때, 우리는 비로소 책을 읽었다고 말할 수 있다.

4. 믿음과 권위

소유 방식에서의 믿음은 교리나 상징을 절대적인 진리로 받아들이며, 그에 대한 맹목적 순종을 요구하는 경향이 크다. 프롬은 이런 맹목적인 순종은 스스로 생각하고 판단하는 힘을 약화한다고 보았다. 그래서 그는 "비합리적 믿음은 감정적인 복종에 기반한다."고 지적하며, 그것이 인간의 성장을 저해하고 퇴행으로 이끌 수 있음을 경고했다. 권위에 대한 태도도 마찬가지다. 소유 방식의 권위자는 지위나 힘으로 압도해 그 명령을 무조건 따르게 하며, 개인의 자율성을 잃게 한다고 말했다. 그래서 종교나 단체에 있어 소유 방식으로 믿는 사람은 누가 봐도 잘못된 행동임에도 거기서 벗어나지 못하고, 무엇을 하든 감정에 따라 믿음의 깊이를 보이게 되어 있다. 반면 존재 양식의 믿음은 확실한 사고와 경험에 기반한 확신에서 비롯된다. 외부로부터 주어진 답을 그대로 받아들이는 것이 아니라, 스스로의 삶을 통해 검증하고 생각하며 얻은 깊은 신념이 중심이 되는 것이다. 이와 같은 믿음은 타인의 의심과 질문을 두려워하지 않으며, 오히려 그 과정을 통해 더 배워 간다. 권위에 대해서도, 존재 방식은 무조건적인 복종이 아닌 수평적인 존중의 태도를 보인다. 프롬은 합리적인 권위에 대해 이렇게 말했다. "합리적 권위는 개인의 성장과 독립을 목표로 하며, 그 최종 목적은 자신이 더 이상 필요 없게 되는 것이다." 이 말은 권위가 타인을 지배하거나 복종시키기 위한 수단이 아니라, 상대가 스스로 설 수 있도록 돕는 역할이어야 한다는 의미다. 예를 들어 좋은 교사는 학생에게 지식을 강요하기보다, 스스로 사고하고 판단할 힘을 길러준다. 상사는 부하직원을 통제하기보다, 자율성과 책임감을 키워주는 조력자가 된다. 존재 중심의 권위는 스스로를 드러내기보다, 상대가 성장할 수 있도록 자신을 점차 드러내지 않게 되는 방향으로 나아간다는 것이다. 이처럼 프롬이 말한 존재 방식의 믿음과 권위는 서로를 이해하고 성장시키는 관계의 기반이다. 이는 조직이나 사회에서 자유와 사람다움을 만들어 준다.

이처럼 프롬은 삶의 다양한 영역에서 소유와 존재 양식이 어떻게 다르게 작용하는지를 구체적으로 보여주었다. 우리가 여기서 주목해야 할 점은, 자신도 모르는 사이에 반복하는 말투, 선택의 기준, 삶을 대하는 태도들이 소유 중심의 성향을 강화할 수도 있고, 반대로 존재의 방식으로 삶을 선택할 수도 있다는 것이다. 누군가의 말을 듣는 태도, 책을 읽는 방식, 사랑을 표현하는 자세 하나하나가 소유 중심인지 존재 중심인지에 따라 전혀 다른 결과를 낳을 수 있다. 결국 우리는 스스로의 삶을 어떻게 살아갈지를 매일 선택하고 있다는 점을 명심하며, 어떤 삶의 방식을 선택할 것인지 잘 생각해 보아야 한다.

**인간의 잠재력을 온전히 펼칠 수 있는 삶은
'소유 방식'이 아니라 '존재 방식' 안에서만 가능하다.**

소유 방식의 사람들은
왜 쉽게 변하지 못하는가

　에리히 프롬이 분석한 소유 방식의 사람들은 변화에 대해 본능적인 저항을 보인다. 이들이 쉽게 변하지 못하는 이유는 소유 방식 자체가 가진 근본적인 5가지 특성에 있다. 첫째, 안정성에 대한 강박적 집착이 있다. 이들은 자신이 가진 것들을 정체성의 근거로 삼기 때문에 지위, 재산, 지식, 인맥 등 모든 것을 자신을 정의하는 요소로 바라본다. 그래서 이를 잃는다는 것은 곧 자아의 붕괴를 의미한다. 변화는 필연적으로 기존의 것을 포기하거나 재구성하는 과정을 수반하는데, 이들에게 그것은 위협으로 다가오기 때문에 새로운 가능성보다는 현재 가진 것을 지키려는 방어적 태도가 강화되는 것이다. 둘째, 경쟁과 비교의 논리에 사로잡혀 있다. 자신의 가치를 타인과의 비교를 통해 확인하려 하는 사람은 상대적 우위를 유지하는 것이 첫 번째가 된다. 만약 변화 과정에서 일시적으로라도 자신의 위치가 흔들린다면, 이는 참을 수 없는 모욕으로 받아들여져, 변화보다는 현재의 우위를 점하려는 보수적 성향이 강해지는 것이다. 셋째, 통제에 대한 욕구가 강하다. 자신이 소유한 것들에 대한 완전한 통제권을 갖고 싶어 하며, 예측할 수 있는 상황을 선호한다. 변화는 본질적으로 미지의 영역으로 나아가는 것이므로 자신의 통제 가능한 영역을 위협한다고 느낀다. 그래서 변화보다는 기존의 패턴을 반복하면서 예측 가능성을 높이려 하는 것이다. 넷째, 타인의 시선과 평가에 민감하다. 변화는 기존의 사회적 관계나 인정받던 방식을 바꾸는 것을 의미할 수 있어, 사회적 고립이나 비난에 대한 두려움을 불러일으키기 때문에 안전한 관습과 전통을 따르려는 순응적 태도가 강화되는 것이다. 마지막으로, 자기 성찰과 내적 동기가 부족하다. 이들은 주로 외부 자극에 반응하는 수동적 태도에 익숙하다. 변화를 위해서는 불확실성을 견디는 용기와 자기 신뢰가 필요하지만, 소유에 의존하는 사람은 이런 내적 힘을 기르지 못하게 된다. 결국 소유 방식의 사람들이 변화를 어려워하는 것은, 변화 자체가 그들이 그동안 살아왔던 방식과 모든 것이 충돌하기 때문이다. 프롬은 변하려 하지 않는 이들에게 이렇게 말했다. "그는 승리의 순간에 도달한 것 같이 느끼지만, 그 승리에는 깊은 슬픔이 뒤따른다. 왜냐하면 그의 내부에 아무런 변화도 일어나지 않았기 때문이다." 즉, 외적인 성취나 인정은 있을지 몰라도, 내면이 변화하지 않은 자리에서는 결코 참된 기쁨을 느낄 수 없다는 뜻이다. 아무리 많은 것을 얻었다 해도, 자기 자신이 조금도 달라지지 않았다면 그것은 진짜 성장이라 말할 수 없다. 변화는 불편함을 동반하지만, 그 과정을 통해 우리는 더 깊이 있는 삶에 다가간다. 프롬은 바로 이 점을 강조한 것이다.

**그 승리에는 깊은 슬픔이 뒤따른다.
그의 내부에 아무런 변화도 일어나지 않았기 때문이다.**

존재의 시작

에리히 프롬은 말했다. "존재하는 사람은 과거에 머물지 않고, 미래를 두려워하지 않으며, 지금, 이 순간에 살아 있다." 이 말은 현대인이 놓치고 있는 삶의 본질을 정확히 짚어낸다. 많은 사람들이 과거의 일에 사로잡혀 산다. 지나간 실패를 되풀이하며 자책하거나, 과거의 영광에 안주하며 현재의 가능성을 외면한다. 과거는 교훈을 주지만, 그것에 매몰되면 성장이 멈춘다. 존재하는 사람은 과거를 받아들이되 그것이 현재를 지배하도록 내버려두지 않는다. 실패는 학습의 기회로, 성공은 새로운 도전의 발판으로 삼을 뿐이다. 과거에 머무르는 것은 본질적으로 소유 방식의 사고다. 존재하는 사람은 미래를 두려워하지 않는다. 겁이 없다기보다는 현재에 충실할 때 미래도 자연스럽게 따라온다는 것을 알기 때문이다. 그래서 우리는 지금 마주한 일, 오늘 만나는 사람, 느끼는 감정에 반응하며, 결과보다 과정에 집중하고, 삶을 통제하려 하기보다는 오늘을 어떻게 살아야 더 의미 있는지를 고민하는 태도를 가져야 한다. 보이는 것을 온전히 느끼고, 받아들이고, 기뻐할 줄 아는 사람, 그런 사람이야말로 진정으로 현재를 살아내는 사람이기에 사랑도 잘할 수밖에 없다. 존재의 삶을 사는 사람은 "여유가 생기면 더 사랑해 줘야지", "지금은 바쁘니까, 나중에 잘됐을 때 더 신경 써야지"라고 생각하기보다 하루하루를 더 좋게 해주려고 노력하기 때문이다. 물론 이런 생각법이 삶을 찬란하게 만들지는 않지만, 사소한 것에도 감사할 줄 알게 하고, 빠르진 않지만 깊은 울림을 주는 태도를 길러준다. 지금 이 순간을 살아내는 능력은 곧 자신을 이해하고, 타인과 진심으로 연결되는 힘이기도 하다. 그래서일까. 프롬은 이렇게 말했다. "행복은 외부에서 주어지는 것이 아니라, 지금 이 순간을 살아내는 능력에서 비롯된다." 이처럼 당장의 보이는 행복을 먼저 느낄 줄 아는 사람이 되려면 눈앞의 사람을 따뜻하게 바라보고, 자신의 감정에 솔직하게 귀 기울이며, 작지만, 진실한 순간들 속에 나를 내어 줄 줄 아는 사람이 되어야 한다.

**행복은 외부에서 주어지는 것이 아니라,
지금 이 순간을 살아내는 능력에서 비롯된다.**

존재를 느끼고 깨닫는 삶의 방식

에리히 프롬은 말했다. "존재는 경계심, 생동감, 반응성을 요구한다." 그에게 존재란 끊임없이 깨어 있고, 느끼며, 능동적인 삶의 태도를 말한다. '경계심'은 내가 지금 무엇을 하고 있는지, 어떤 감정인지 깨어서 자각하는 힘이다. '생동감'은 삶 속에서 감정을 느끼고, 기쁨과 슬픔, 사랑과 분노를 있는 그대로 느끼는 태도다. '반응성'은 내가 보고 듣고 경험하는 것에 대해 무관심하지 않고, 생각하고 행동하는 자세를 말한다. 프롬은 이 세 가지가 있을 때 비로소 우리는 나다운 인생을 살 수 있다고 보았다. 아무리 좋은 것을 보고 듣는다고 해도 생각 없이 경험하기보다, 그것에 대해 깊이 자각하며 사는 삶이, 진정한 '존재'의 방식의 삶이라는 것이다. 여행을 가도, 맛있는 음식을 먹어도, 돈을 벌어도 그것에 대해 느끼고 깨닫는 게 없는 사람은 지루함을 느끼고 어느 순간 멈춰 서게 되어 있다. 특히 많은 직장인이 반복되는 일상을 지내다 보면 무기력한 상태에 빠지기 쉽다. 하지만 그 지겨운 회사 생활 속에서도 '존재의 방식'으로 살아가는 사람들은 자신의 노력과 삶의 가치를 별거 아닌 걸로 치부하지 않는다. 아침 일찍 일어나 일터에 나가고 맞지 않는 사람과 부딪히며 사는 인생은 사실 누구나 해낼 수 있는 일이 아님을 안다. 누군가는 부딪히는 것이 싫어, 매일 같이 직장을 옮겨 다니고, 누군가는 일하기 싫어 게임만 하며 집에서 나가지 않는다. 그럼에도 이 모든 것을 감당하고 나아가는 능동적인 삶을 사는 사람은 이런 자신을 자랑스럽게 여기고, 칭찬한다. 프롬이 말한 존재의 삶은 깨어 있는 삶을 뜻한다. 우리는 언제든 무감각한 상태로 돌아갈 수밖에 없다. 하지만 중요한 건, 다시 깨어나고, 경계하며, 생동하고, 반응할 수 있다는 사실이다. 그것이 인간답게 살아가는, '존재하는' 삶의 방식이다. 설령 제자리에서만 맴도는 듯한 뜀걸음이었다 해도, 그 안에 어떤 깨달음이 있었다면, 그 움직임은 절대 헛되지 않았다. 어쨌든 움직였다는 것, 그것만으로도 의미가 있다. 그렇다면 당신은 지금 어떤 삶을 살고 있는가? 정말 당신이 하는 일이 전부 무의미한 걸까? 스스로에게 이 질문을 던져보길 바란다. 그리고 조금씩이라도 능동적인 삶을 향해 나아가길 바란다.

존재는 경계심, 생동감, 반응성을 요구한다.

이루는 삶보다,
되어가는 삶을 꿈꿔라

 아이들에게 꿈이 뭐냐고 물으면 대부분 직업을 얘기한다. 하지만 이건 꿈이라기보다는 자신이 하고 싶은 일이다. 존경받는 누군가의 삶을 따라 하거나, 사회가 말하는 이상적인 모습에 나를 맞춰 대답하는 1차원적인 사고방식이다. 그렇다고 이 사고방식이 잘못되었다는 건 아니다. 그저 이렇게 '내가 어떤 사람이 되고 싶은가?'보다는 '어떤 것을 해야 하는가?'를 고민하다 보면, 존재보다는 소유의 시각으로 바라보게 된다는 것이다. 꿈은 애초에 고정된 목표가 아니라, 나이와 성격, 재능, 그리고 환경에 따라 조금씩 방향을 달리하게 되어 있다. 그렇기 때문에 '무엇을 해야 할까?'보다는 '어떤 사람이 되고 싶은가?'를 먼저 생각해 보는 것이 더 나은 방향을 잡는 데 도움이 된다. 하지만 자신의 꿈을 소유의 시각으로 바라보는 사람은, 그것을 반드시 성취해야만 하는 목표로 여기기 때문에 뜻대로 이루지 못하거나 흥미가 식었을 때, 어떤 길로 가야 할지, 무엇이 자신에게 맞는지조차 알지 못한 채 방황하게 된다. 반면 존재의 시각으로 꿈을 바라보는 사람은, 꿈이 바뀌더라도 거기에 집착하지 않고 계속해서 자신에게 맞는 일을 찾고, 어떻게 하면 더 즐겁게 일하며 살아갈 수 있을지를 고민한다. 프롬은 이런 말을 했다. "존재한다는 것은 되어간다는 뜻이다." 삶은 무언가를 '이루는 것'보다 '되어가는 과정'에 가깝다. 우리의 인생은 정해진 목표에 도달했을 때 끝나는 것이 아니라, 그것을 향해 어떤 태도로 나가는가에 따라 또 다른 꿈을 찾고 계속 성장할 수 있다. 그런데 우리는 너무 자주 '결과'로만 보려고 하고 성취하려고만 한다. 원하는 대학에 붙었는가, 좋은 직장을 얻었는가, 사회적으로 크게 성공했는가 등 무수히 많다. 하지만 그런 질문들에만 집착하면, 자신의 욕심과 공허함을 절대 채울 수 없다. 존재 중심의 삶은, 매일의 나를 바라보며 지금, 이 순간의 감정과 생각을 존중하는 태도다. 그래서 우리가 의미 있는 삶을 살기 위해서는 무언가를 이루는 데만 집중하기보다, 지금 내가 하고 있는 일에 의미를 담고, 그 안에서 가치를 찾으려는 태도가 필요하다. 탈무드에 이런 이야기가 있다. 세 명의 벽돌공이 열심히 벽돌을 쌓고 있을 때, 한 나그네가 다가와 물었다. "지금 뭘 하고 계신가요?" 첫 번째 벽돌공은 말했다. "벽돌을 쌓고 있습니다." 그러자 두 번째 벽돌공은 대답했다. "건물의 벽을 쌓고 있습니다." 그러자 마지막 세 번째 벽돌공이 대답했다. "저는 지금 세상에서 가장 아름다운 성전을 짓고 있습니다." 이는 같은 일을 하더라도 어떤 마음가짐으로 임하느냐에 따라 그 일의 가치가 달라진다는 것을 보여주는 이야기다. 이처럼 위대한 일을 찾아 나서는 것도 중요하지만, 지금 내가 하고 있는 작은 일부터 어떤 마음으로 임할 것인지, 그 태도를 돌아보는 것이 먼저다. 그렇게 살아간다면, 혹여 실패하더라도 자신을 탓하기보다 그 또한 하나의 과정으로 받아들이며 성장해 나갈 수 있을 것이다.

존재한다는 것은 되어간다는 뜻이다.

존재 중심의 사랑이란 무엇인가

　지금까지 잘 읽어 왔다면 에리히 프롬이 말하는 소유와 존재에 대해 조금은 감이 잡히기 시작했을 것이다. 그렇다면 이제는 소유와 존재에 대입해서 어떤 사랑을 해야 하는지, 그리고 인생에서 누구를, 어떻게 사랑하며 살아가야 하는지에 대해 이야기해 보려 한다. 먼저, 존재의 방식을 간단하게 말해보자면 존재 중심의 사랑을 하는 사람은 위 벽돌공에게 물었던 것처럼 데이트 중인 커플에게 "지금 뭐 하고 있어요?"라고 물었을 때, 누군가는 "애인이 놀자고 해서 놀고 있어요"라고 답할 수도 있고, 누군가는 "함께 아름다운 추억을 만들고 있어요"라고 말할 수도 있다. 언뜻 보면 다정한 말의 차이처럼 보이지만, 그 속에는 삶을 대하는 태도의 차이가 담겨 있다. '놀자고 해서 놀고 있어요.'라는 말에는 의무감이 깔려 있고, 관계를 수동적으로 대하는 인식이 스며 있다. 반면 '함께 아름다운 추억을 만들고 있어요.'라는 말에는 지금, 이 순간을 소중히 여기며, 상대와의 시간을 적극적으로 살아가려는 따뜻한 마음이 느껴진다. 이는 존재 중심의 사람만이 지닐 수 있는 태도인 것이다. 소유 중심의 사람은 사랑에서도 '가짐'에 의한 사고방식이 드러나고, 존재 중심의 사람은 사랑에서도 '함께 머무름'에 의한 사고방식이 드러난다. 이처럼 내가 어떤 시선으로 상대를 바라보는가에 따라 사랑하는 방식도 갈리게 되는 것이다. 내 곁에 있다는 이유로 당연하게 여기는 사람과, 곁에 있어 주는 그 자체를 감사하게 여기는 사람 사이에는 큰 차이가 있다. 그래서 우리는 사랑을 하나의 '결과'로만 보지 말고, 정성껏 키우는 꽃처럼 바라보아야 한다. 조심스럽게 물을 주고, 햇살을 비추며, 함께 머물고 자라나는 그 과정을 소중히 여길 줄 아는 마음이 필요하다. 존재 자체를 있는 그대로 바라보고, 그 시간을 사랑할 줄 안다면, 우리는 비로소 깊고 의미 있는 사랑을 할 수 있을 것이다. 그리고 언젠가 이별이 찾아오더라도, 후회보다는 서로의 성장과 따뜻한 기억이 남는, 조금은 덜 아픈 이별을 맞이할 수 있다. 결국 중요한 것은 사랑을 통해 어떤 행복을 얻으려고 하기보다, 그 속에서 서로의 의미를 찾고 또 함께 어떤 자세로 살아야 하는지 알아가는 일이다. 즉, 내가 어떤 시선으로 상대를 바라보는지, 어떤 마음으로 관계를 이어가려 하는지가 사랑의 깊이를 결정한다. 그렇다면 이제 프롬이 말한 '사랑의 기술' 속으로 들어가, 소유와 존재의 관점에서 어떤 종류의 사랑이 있고 어떤 사랑을 해야 하는지 알아보자.

**사랑이란 단지 행복을 주는 것이 아니라,
의미를 더하는 일이다.**

Q.

매일 되뇌면 소유의 삶에서
벗어나는 10가지 문장

1. **놓아라.** 모두 가지려 하면, 마음이 지친다. 비워야 다시 웃을 수 있다.
2. **느껴라.** 살아 있다는 건, 느끼는 데서 시작된다. 기쁨도 슬픔도 나의 일부다.
3. **물어라.** 무엇을 갖고 싶은지보다, 어떤 사람이 되고 싶은지를.
4. **천천히 가라.** 남들보다 느려도 괜찮다. 인생은 속력이 아니라 방향이다.
5. **비교하지 마라.** 타인의 최고의 시기와 나의 평범한 일상을 비교하면 안 된다.
6. **넘어서라.** 남의 인정에 기대지 않아도 나는 충분히 강한 사람이다.

7. **기억하라.** 가진 게 없어도 좋은 사람이 될 수 있다.
8. **돌아보라.** 하루를 어떻게 살았는지보다 무엇을 느끼며 살았는지가 중요하다.
9. **존재하라.** 보이려고 애쓰기보다, 있는 그대로 머물러 보자.
10. **행복해라.** 많이 가진 사람들조차 시샘하고 부러워할 만큼.

Chapter. 02

사랑의 종류

Erich Fromm

사람을 사람으로 대하는 마음
— 형제애적 사랑

 사랑은 참 아이러니하다. 그저 "사랑해"라는 단어 하나로는 도저히 담을 수 없을 만큼 그 마음이 클 때가 많기 때문이다. 우리는 종종 편지나 선물 같은 방식으로 그 벅찬 마음을 표현하곤 한다. 하지만 그렇게 큰 사랑을 쏟아부은 경험이 상처로 돌아왔던 사람들은 사랑을 쉽게 믿지 못한다. 그래서 차라리 사랑보다 다른 무언가에 집중하며 인생을 즐기고자 다짐하기도 한다. 세상에는 즐길 것들이 많고, 충분히 잘 살아낼 수 있을 거라는 생각이 들기도 하기 때문이다. 그러나 삶에 사랑이 없다면, 무엇이 의미 있을까? 단언컨대, 인간에게 사랑이 없다면 대부분의 사람은 삶의 의미를 잃게 될 것이다. 사랑하는 사람에게 좋은 것을 해주기 위해 우리는 일을 하고, 더 나은 나를 보여주기 위해 운동을 하며, 함께 웃기 위해 아름다운 것을 만든다. 그 사랑이 없었다면, 문명은 지금처럼 발전하지 못했을 것이며, 우리는 행복을 쉽게 느끼지 못했을 것이다. 그래서 사랑은 그 무엇보다 소중하다. 우리는 어떤 형태의 사랑이든 쉽게 포기해서는 안 되며, 더 깊고 건강한 사랑을 하기 위해 끊임없이 배우고 성장해야 한다. 그렇지 못하면 매번 무의미한 날들을 보내게 될 것이다. 만약 내가 누군가를 사랑하고 있다면, 그 사랑은 어떤 성향을 띠고 있는지, 또 그것이 나와 상대에게 어떤 영향을 주고 있는지를 먼저 살펴 보고 그에 맞는 사랑을 할 줄 알아야 한다. 프롬은 사랑에도 여러 가지 모습이 있으며, 각기 다른 태도와 의미를 지닌다고 말한다. 그렇기에 우리는 사랑이 어떤 방식으로 내 안에 머물고 있는지를 이해해야 한다. 먼저, 그가 설명한 사랑의 가장 기본적인 형태인 형제애적 사랑을 보려고 한다. 여기서 말하는 형제애적 사랑은 가족처럼 친한 사람에게만 한정된 사랑이 아니라, 모든 사람을 따뜻하게 대하려는 마음을 말한다. 그는 이렇게 말했다. "형제애적 사랑은 모든 인간에 대한 사랑이다." 즉, 단순히 착한 사람이 되라는 말이나, 남에게 친절하게 굴라는 뜻이 아니라, 나와 타인이 다르다는 걸 인정하고, 함께 살아가려는 태도를 말한다. 예를 들어 우리는 가끔 나랑 아무 상관 없는 사람의 아픔에도 마음이 시릴 때가 있다. 뉴스에서 어려운 일을 겪은 사람을 보면 안타까운 마음이 들고, 길에서 힘들어 보이는 사람을 보면 괜히 도와주고 싶은 마음이 들 때가 있는 것처럼 말이다. 이런 감정이 바로 프롬이 말하는 형제애적 사랑이다. 모두가 연결되어 있다는 감각, 나 혼자만 잘 사는 게 아니라 함께 살아가는 세상이라는 생각이 이 사랑의 바탕이다. 그래서 형제애적 사랑이 없는 상태에서 연애나 가족의 사랑도 건강하게 지속되기 어렵다. 타인을 존중할 줄 모른다면, 결국 자기중심적인 사랑으로 변하기 때문이다. 형제애적 사랑은 거창하거나 특별한 게 아니다. 친구가 힘들 때 조용히 곁에 있어 주는 마음, 낯선 사람에게도 예의 바르게 대하는 태도, 도움을 주고도 생색내지 않는 행동 같은 작고 소중한 마음들이다. 사람을 사람으로 대한다는 건, 그 사람이 어떤 위치에 있든, 어떤 배경을 가졌든 기본적인 존중과 따뜻함을 잃지 않는다는 것이다. 어떻게 보면 이는, 우리가 매일 실천할 수 있는 가장 작은 사랑이기도 하다. 이런 형제애적 사랑을 키우려면 먼저 자기 자신을 이해하고 받아들이는 것부터 시작해야 한다. 자신의 약점과 한계를 인정하고 용서할 줄 알아야, 타인의 실수나 부족함도 따뜻하게 바라볼 수 있게 된다. 그리고 무엇보다 판단하지 않으려는 노력이 필요하다. 상대방의 상황과 맥락을 이해하려고 애쓰는 것이다. 섣부른 평가보다는 공감을 먼저 해보는 것이 형제애적 사랑을 실천하는 첫 번째이다.

형제애적 사랑은 모든 인간에 대한 사랑이다.

002

있는 그대로 품는 사랑
— 모성적 사랑

프롬이 말하는 모성적 사랑은 단지 어머니가 자식들에게 줄 수 있는 사랑을 뜻하는 것이 아니다. 상대를 있는 그대로 받아들이고, 조건 없이 품어주는 태도를 말한다. 착해서, 잘해서, 무엇을 해줬기 때문에 사랑하는 것이 아니라, 그냥 그 사람이 존재하기 때문에 사랑하는 것이다. 프롬은 이런 사랑을 가장 안정적인 사랑의 형태로 보았다. 어머니는 아이가 실수를 해도, 넘어져도, 떼를 써도 미워하지 않고 소중히 아껴주는 것처럼,

타인이 실수를 해도 "괜찮아"라며 이해하고 포용하는 것이 모성적 사랑이다. 이런 사랑을 품은 사람들은 상대방에게 깊은 안정감을 심어주기에 매우 좋은 관계를 맺게 된다. 그렇다고 무조건 실수를 이해하고 감싸주기만 하는 사랑은 아니다. 프롬은 이렇게 말했다. "모성적 사랑은 아이의 삶과 필요에 대한 무조건적인 긍정이다. 하지만 진짜로 사랑하는 어머니는, 때가 오면 아이를 떠나보낸다." 즉, 자신의 지나친 사랑 때문에 아이를 붙잡고만 있는 게 아니라, 스스로 자라도록 기다려주기도 하는 사랑이라는 것이다. 아이가 스스로 설 수 있게 한 발 물러서고, 언젠가 떠날 수 있도록 준비시키는 것은 때를 아는 어른의 사랑이다. 친구가 힘들어할 때 조용히 곁을 지켜주고, 실수한 사람을 탓하지 않으며, 지금 그대로의 상대를 믿어주는 태도는 모두, 성숙한 어른의 모성적 사랑에서 비롯된다. 그러나 오늘날 우리는 이런 따뜻한 사랑을 점점 잃어가고 있다. 작은 실수에도 비웃고, 한 번의 실패에도 쉽게 분노하는 사회 속에서, 사람들은 타인의 차가운 반응을 당연하게 여기게 되었다. 그 결과, 사람들은 자신의 실수에 대해 지나치게 자책하고, 누군가가 자신에게 화를 내거나 실망하는 것을 당연한 일처럼 받아들이게 되었다. 하지만 진심으로 나를 사랑하는 사람은 그런 태도를 보이지 않는다. 잘하지 못했을 때 "왜 그것밖에 못 해?"라고 다그치기보다, "괜찮아, 할 수 있어"라며 긍정의 힘을 전해준다. 실수했을 때도 "왜 이렇게 생각이 없니?"라고 비난하기보다, "그럴 수도 있어, 다음에 같은 실수만 하지 않으면 돼"라며 성장할 수 있도록 따뜻하게 격려해 준다. 많은 이들이 타인의 시선과 비난에 움츠러들지만, 그런 세상 속에서도 성숙한 사랑을 실천하는 사람들은 분명 존재한다. 그들의 배려와 온기를 놓치지 않기를 바란다. 그리고 지금 나는 어떤 사랑을 받고 있는지, 또 어떤 사랑을 건네고 있는지 스스로 돌아보았으면 한다. 그것이야말로 우리가 반드시 배워야 할, 가장 소중한 '사랑의 기술'이기 때문이다.

모성적 사랑은 아이의 삶과 필요에 대한
무조건적인 긍정이다.
하지만 진짜로 사랑하는 어머니는,
때가 오면 아이를 떠나보낸다.

서로에게 다가가려는 용기
— 에로스적 사랑

　누군가를 처음 보았을 때, 심장이 쿵 내려앉는 듯한 강렬한 끌림에 빠진 적이 있는가? 상대의 외모가 인상적이거나 말투, 분위기에 끌릴 수도 있고, 특별한 이유 없이 자꾸만 생각나는 사람이 있을 수도 있다. 이걸, 우리가 흔히 아는 에로스적 사랑이라고 부른다. '에로스'는 고대 그리스 신화에 등장하는 사랑의 신의 이름에서 유래하였다. 그 신을 로마 신화에서는 '큐피드'라고 부르며, 사랑의 화살을 쏘아 사람들 사이에 갑작스럽고도 뜨거운 사랑을 일으킨다고 전해진다. 드라마나 영화에서 두 사람이 눈이 마주친 순간 서로에게 한눈에 반하는 장면을 떠올려보자. 그것이 우리가 아는 에로스적 사랑이다. 그러나 프롬이 말한 에로스적 사랑은, 어떠한 사람과 마음뿐만 아니라 몸도 깊이 연결되고 싶다는 강한 마음을 말한다. 그래서 이 사랑은 연인 사이에서 주로 나타나는 사랑이며, 다른 어떤 사랑보다도 더 강렬하고 간절하게 느껴질 수 있다고 보았다. 프롬은 말했다. "에로스적 사랑이 진정한 사랑이라면, 그 전제는 내가 나의 본질부터 사랑한 뒤에 상대의 본질을 사랑하고자 한다는 데 있다." 즉, 욕망이나 낭만적인 감정으로 보기보다는, 서로의 깊은 내면까지 이해하고자 하는 노력에서 시작된다는 것이다. 어쩌면 이것이 사랑의 본질이 아닐까 싶다. 그저 상대를 향한 성욕, 다정함, 매력, 외모에 설레는 순간은 금방 끝난다. 그래서 더더욱, 서로를 좋아하는 것을 넘어 상대방에 대해 더 알아가려는 관심과 존중, 그리고 갈등 앞에서 도망치지 않는 용기가 필요하다. 프롬은 특히 에로스적 사랑에서

육체적 결합은 하나의 표현일 뿐, 정신적·감정적 결합이 함께 이루어질 때 비로소 진짜 사랑이 된다고 보았다.

**에로스적 사랑이 진정한 사랑이라면,
그 전제는 내가 나의 본질에서부터 사랑하고,
상대의 본질을 경험하고자 한다는 데 있다.**

이기심과 자기애
— 자기애적 사랑

　많은 사람이 자기애와 이기심을 구분하지 못한 채 혼동한다. 자기애와 이기심은 전혀 다른 특징을 가진다. 이기적인 사람은 언제나 자신의 감정을 우선하고, 다른 사람보다 먼저 선택받아야 한다고 믿으며, 손해 보는 일을 극도로 꺼린다. 그런 태도는 겉보기엔 마치 자신을 누구보다 사랑하는 것처럼 보이지만, 조금만 깊이 들여다보면 그 이기심의 이면에는 불안한 마음이 자리 잡고 있다는 걸 알 수 있다. 예를 들어, 다소 이기적인 애인이 있다고 해보자. 친한 친구의 생일날, 그 애인이 여행을 가자고 제안했을 때, "정말 친한 친구라 그 친구의 생일 파티에 가야 될 거 같아, 다음에 가자."라고 말하면, 그는 서운해하거나 화를 내며 "왜 항상 나는 우선순위가 아니야? 네가 날 정말 사랑한다면, 나부터 챙겨야 하는 거 아냐?"라고 말할 수도 있다. 이는 표면적으로는 존중받지 못했다는 섭섭함처럼 들릴 수도 있다. 하지만 그 진짜 속내는, 이기심을 인지하지 못하고 '나는 지금 사랑받고 있지 못하는 것 같다'라는 두려움이 깔려 있다는 것이다. 이처럼 이기적인 사람은 자신을 가장 중요하게 여기는 것처럼 보이지만, 사실은 불안에 의한 반응이며, 생각보다 내면이 여리고, 타인의 반응에 과도하게 흔들리는 경향이 있다. 그들의 이기심은 스스로를 지키기 위한 방어이자, 사랑받고 싶은 마음의 왜곡된 표현이기도 하다. 프롬은 이기적인 사람에 대해 이렇게 말했다. "이기적인 사람은 자신을 지나치게 사랑하는 것이 아니라, 오히려 자신을 진정으로 사랑하지 못하기 때문에 자기 자신에게만 몰두한다. 자기애는 이기심과 동일하지 않다. 자기애는 오히려 자기 자신을 존중하고 책임지며 배려하는 태도이다." 즉, 이기적인 태도는 자기애의 과잉이 아니라, 오히려 자기애의 결핍에서 비롯된다는 것이다. 그래서 그들은 끊임없이 타인의 인정과 관심을 갈구하고, 누군가를 지배하거나 통제함으로써 자신의 존재감을 확인받으려 한다. 하지만 그런 방식으로는 결코 마음의 불안함을 채울 수 없기에, 이기적인 사람들은 연애를 잘할 수 없게 된다. 그래서 프롬은 자기애와 이기심을 분명히 구분하려 했으며, 스스로를 따뜻하게 바라보고 존중할 줄 아는 사람만이 진정으로 타인을 사랑할 수 있다고 말했다. 건강한 자기애는 나를 아끼는 마음에서 비롯되지만, 동시에 타인을 헤아릴 수 있는 여유를 보여준다. 이처럼 이기심과 자기애를 명확하게 구분하고 사랑을 대하는 사람은 더 나은 사랑을 할 수 있다. 만약 자신이 질투가 많고, 자주 삐진다면 이기적인 사랑을 하고 있는 건 아닌지 생각해 보길 바란다.

이기적인 사람은
자신을 지나치게 사랑하는 것이 아니라,
오히려 자신을 진정으로 사랑하지 못하기 때문에
자기 자신에게만 몰두한다.

005

삶을 향한 경외와 연결감
— 신에 대한 사랑

프롬은 "신을 진짜로 사랑한다고 말하려면, 먼저 사람과 삶을 사랑할 줄 알아야 한다."고 말했다. 이 말은 종교를 믿고 기도를 많이 한다고 해서 신을 사랑하는 게 아니라는 뜻이다. 오히려 중요한 건, 그 신의 마음을 받고 내 주변에 있는 사람들을 따뜻하게 대하고, 내 삶을 소중히 여기는 태도라고 말한다. 예를 들어, 어떤 사람이 "나는 신을 믿어요"라고 하면서도 다른 사람에게 함부로 말하거나, 약자를 무시하고, 자기 할 일을 책임지지 않는다면, 그 사람이 말하는 사랑은 겉모습에 불과할 수 있다. 반대로, 종교에 큰 믿음이 없더라도, 주변 사람을 잘 챙기고, 동물이나 자연을 아끼고, 자신의 삶에 책임을 다하려고 노력하는 사람은 삶과 인간을 사랑하는 마음을 실천하고 있는 것이라고 볼 수 있다는 것이다. 또한 프롬이 말한 '신'은 꼭 종교적인 존재만을 뜻하지 않는다. 우리가 세상에 대해 느끼는 감동, 고마움, 경외심, 그리고 나보다 더 크고 깊은 무언가와 연결되고 싶어 하는 마음, 그런 모든 것을 포함한다. 그래서 우리가 신을 사랑한다고 말하려면, 신이 만든 세상과 사람들, 그리고 삶 자체에 대한 경외심이 함께 따라와야 한다. 프롬은 이런 사랑이야말로 가장 깊고 넓은 형태의 사랑이며, 우리가 삶 속에서 천천히 배워나가야 할 중요한 점이라고 말했다. 우리는 프롬이 말한 신의 사랑에 대해 깊이 생각해 봐야 한다. 특히, 종교인이라면 더욱 이 점을 유의해야 한다. 신을 믿는다는 이유로 다른 사람보다 도덕적으로 우위에 있다고 느끼거나, 믿지 않는 사람을 쉽게 판단하려 해서는 안 된다.

신에 대한 사랑은 단지 믿음의 증거가 아니라, 그 믿음을 어떻게 행동으로 살아내느냐에 달려 있다. 자신이 신을 사랑한다고 말하면서도 누군가에게 상처를 주거나, 배려 없이 행동한다면 그 신앙은 단지 겉모습에 불과할 뿐이다. 진정한 믿음은 거창한 말이 아니라, 일상 속 작은 행동 하나하나에서 드러나는 것이다.

**신을 진짜로 사랑한다고 말하려면,
먼저 사람과 삶을 사랑할 줄 알아야 한다.**

Q.

미니 체크리스트:

"나는 어떤 사랑에 익숙한 사람일까?"

아래 문장 중 자신에게 가장 가까운 것을 골라보세요.

○ 나는 상대를 도와주는 데서 사랑을 느낀다. → 형제애적 사랑

○ 무조건 감싸주고 싶은 마음이 크다. → 모성적 사랑

○ 감정의 불꽃과 끌림을 중요하게 느낀다. → 에로스적 사랑

○ 스스로를 사랑하지 않으면 외롭고 불안하다. → 자기애적 사랑

○ 사랑은 삶 전체와 연결되어 있어야 한다고 믿는다. → 신에 대한 사랑

Chapter. 03

어떤 사랑을 해야 하는가

Erich Fromm

001

소유보다
자유

"당신은 내 거야." 사랑하는 사람에게 이런 말을 들어본 적이 있는가. 에리히 프롬의 철학에서 사랑은, 소유가 아니라 자유에서 시작되기 때문에 "당신은 내 거야"라는 말은 사랑의 본질을 소유에 의한 사랑으로 보고 있다. 실제로 소유욕이 강한 사람은 말이나 행동에서 그 특징이 보인다. 이들의 특징은 첫 번째로, 끊임없는 연락을 요구한다. 상대방이 지금 무엇을 하고 있는지, 누구와 있는지 궁금해하는 것을 넘어, 확인되지 않으면 견디기 어려운 불안감에 사로잡힌다. 그들은 하루에도 몇 번이고 전화하거나 메시지를 보내며, 상대가 빠르게 응답하지 않을 경우 다양한 상상을 하며 불안해한다. 이는 상대를 통제하고 소유하려는 심리에서 비롯되는 것이다. 두 번째는 지나친 질투를 한다. 건강한 관계에서도 어느 정도의 질투는 있을 수 있다. 하지만 소유에 의한 질투는 그 선을 훌쩍 넘는다. 이성 친구와의 가벼운 대화, 직장 동료와의 식사 자리 등 일상적인 상황에서도 상대방이 자신 외의 사람에게 관심을 주는 것 자체를 위협으로 받아들인다. 때로는 과거의 연애사를 문제 삼거나, 친한 친구들과의 관계마저 끊으라고 명령하는 모습을 보이기도 한다. 세 번째는 상대방의 행동을 감시한다. 이들은 상대방의 일거수일투족을 모두 알고 있어야 안심하기 때문에 SNS 활동, 휴대폰 기록 등을 몰래 확인하거나, 직접적으로 감시하려 드는 경우도 있다. 네 번째는 혼자만의 해석으로 인해 오해를 많이 한다. 상대의 행동이나 말에 과도하게 의미를 부여하는 습관이 있어 무심코 던진 한마디를 며칠 동안 곱씹

기도 하고, 상대방의 장난을 잘 받아들이지 못한다. 그래서 이들과 대화할 때는 항상, 이들의 기분을 나쁘게 하지 않기 위해 부가 설명을 해야 할 수밖에 없다. 다섯 번째는 이별에 대한 극심한 불안이다. 이별의 기미가 보이기만 해도 감정적으로 동요하며, 대부분 눈물과 분노, 삐짐 등으로 표현된다. 그러나 이 단계가 정말 심각해지면, 일부 사람들은 자해 암시나 극단적인 생각을 내비치며 상대를 붙잡으려 하기도 한다. 자신의 고통을 드러내거나, 죄책감을 불러일으키는 방식으로 상대를 통제하려는 행동을 반복하는 것이다. 만약 당신의 연인이 이러한 모습을 과도하게 보인다면, 감정에 휘말리기 전에 미리 신중하고 단호하게 대응해야 한다. 그러나 문제는 이런 사람을 사랑하게 되면, 처음에는 그 말과 행동이 그저 귀엽게 느껴진다는 점이다. 그래서 그것이 소유욕에서 비롯된 통제인지도 모른 채 계속 받아주다 보면, 어느 순간 숨 막히고 답답한 연애로 이어지게 된다. 만약 이런 징후가 보인다면, 단순히 귀엽다고 넘기지 말고, 서로의 미래를 위해 한 번쯤은 진지하게 이야기를 나눠보는 것이 좋다. 진정한 사랑은 상대를 구속하지 않고, 오히려 자유롭게 해주는 것이다. 사랑하는 사람의 꿈을 응원하고, 그 성장을 지지하며, 진심으로 원하는 것을 추구할 수 있도록 곁에서 힘이 되어주는 것. 그렇게 주어진 자유 속에서, 강요가 아닌 스스로의 선택으로 서로를 사랑하게 될 때, 비로소 진정한 사랑이 가능해진다. 실제로 사이가 좋은 연인들을 보면 공통된 모습이 있다. 서로의 취미와 친구를 존중하고, 각자의 꿈을 응원하며, 함께 있을 때는 물론 떨어져 있을 때도 편안함을 느낀다는 점이다. 그들은 상대를 소유하려 하지 않고, 함께 성장해 가는 동반자로 여긴다. 정말로 사랑한다면, 바로 이런 사랑을 해야 한다. 우리가 언제나 기억해야 할 것은, 사랑은 누군가의 요구나 강요로 이루어지는 것이 아니라, 스스로의 선택으로 완성된다는 사실이다. 보고 싶어서 나를 찾아오기로 선택했다는 것, 일이 많음에도 나와 함께 하기로 결정했다는 것, 가진 것이 부족하지만 나를 위해 선물을 준비하기로 마음을 먹었다는 것. 이렇게 자발적인 선택들이 모여, 말보다 깊은 사랑을 보여주는 것이다. 그러니 상대에게 마냥 해주기를 바라지 말고, 내가 해주는 사랑을 하길 바란다. 사랑은 모래와 같다. 손을 꽉 쥐면 모래가 빠져나가듯, 사랑도 움켜쥘수록 더 빠져나가게 되어 있다. 자신의 사랑이 소유에 의한 사랑인지, 상대를 존중하고 자유롭게 해주는 사랑인지 잘 생각해 보자. 그 자유로움이 오히려 더 깊은 사랑으로 돌아올 것이다.

**사랑은, 소유하려는 것이 아니라
자유를 주는 것이다.**

의존적인 사랑

에리히 프롬은 의존적인 사랑에 대해 이렇게 말했다. "어떤 사람이 오직 한 사람만 사랑하고, 나머지 사람들에게는 무관심하다면, 그 사랑은 진정한 사랑이 아니라 상대 없이는 자신이 무너지거나 불안해지는 '의존적인 관계'일 뿐이다." 연애를 하면 유독 한 사람에게만 잘하고, 다른 사람과의 연락은 다 끊고 살아가는 사람이 있다. 그 사람만 나에게 소중하다 생각하니, 타인에게 무례를 범하기도 하고, 소중한 지인을 소홀히 대하기도 한다. 그러나, 이것은 내가 남지 않는 사랑이다. 이런 연애를 하는 사람은 그 대상이 없어지거나 자신의 바람대로 해주지 않았을 때 의존적으로 바뀌게 된다. 의존적인 사랑을 하는 사람 대부분이 평소에는 독립적이지만 연애만 하면 의존적인 성격을 띠는 경우가 많다. 친구들과도 적당한 거리를 유지하고, 혼자 있는 시간도 좋아하며, 일도 스스로 잘 처리하지만, 연애만 하면 완전히 달라지는 모습을 보이는 것이다. 그래서 자신의 이런 변화에 본인도 혼란스러워 한다. 그러나 정말로 이들이 처음부터 독립적인 사람이었을까? 아닐 가능성이 훨씬 크다. 연애 관계는 다른 어떤 관계보다도 깊은 친밀감을 요구한다. 이 과정에서 평소 숨겨져 있던 우리의 진짜 모습이 드러나게 되는데, 그들은 무조건적 수용에 대한 갈망이 커지게 된다. 예를 들어 우리는 어린 시절 부모로부터 무조건적인 사랑을 받고 싶어 한다. 하지만 커 가면서 공부를 잘하거나, 말을 잘 듣거나, 부모의 기대에 부응해야만 사랑받는 조건적 사랑을 느끼게 된다. 이런 경험은 혼자 씩씩하고 모든 걸 잘

해내는 사람으로 만들기도 하지만, 마음 한편에는 무조건적인 사랑에 대한 그리움을 남기게 된다. 이는 연인 관계에서 그 갈망이 극대화되고, 상대에게서 어린 시절 받지 못한 무조건적 사랑을 찾으려 하게 된다. 자신을 사랑해 주는 연인을 만나면 자신의 노력 없이 편하게 사랑을 받으려 하고, 그의 관심에서 행복을 찾으려 한다. 이는 평소 인간관계에서도 드러나게 된다. 인간관계를 잘 해왔다고 생각할 수도 있겠지만, 진심으로 상대방을 위해서 노력을 한 적이 없다거나, 필요에 의해서만 연락했다거나, 귀찮고 싫다는 이유로, 상대가 아닌 자신만을 위한 관계를 맺었을 가능성이 크다는 것이다. 그래서 의존적인 사람은 자신의 인간관계를 먼저 돌아볼 줄 알아야 한다. 그렇지 않으면 연애를 하게 돼도 반복적으로 실패하게 되고, 마음이 조급해진다. 인간관계를 잘하려면 먼저, 내 기준에서만 요구하는 게 아니라 상대의 관점에서 표현을 해보고, 타인의 불만도 들어보며, 상대의 기분도 존중할 줄 아는 법을 배우려 부단히 노력해야 한다. 의존적인 사람들은 이 사실을 잘 알지 못한 채, 자신의 입장만 반복해서 이야기하고, 소통만 잘하면 관계가 해결될 것이라 믿는다. 그러나 소통은 관계의 한 부분일 뿐, 그게 전부는 아니다. 아무리 대화를 많이 나눠도, 그 말속에 배려와 노력이 담겨있지 않다면 관계는 쉽게 무너진다. 이처럼 모든 관계에는 끊임없는 노력이 필요하며, 서로에게 맞춰가는 과정에서 즐거움과 의미를 느낄 수 있을 때, 비로소 정서적으로 독립적인 사람이 될 수 있다. 만약 자신이 연애에서 의존적인 모습을 보인다면, 이러한 점들을 마음에 새기고 조금씩 바꿔나가려는 노력을 해보자. 이러한 사소한 변화가 관계나 연애에서 큰 도움이 될 것이다.

오직 한 사람만 사랑하고,
나머지 사람들에게는 무관심하다면,
그 사랑은 상대 없이는 자신이 무너지거나 불안해지는
'의존적인 관계'일 뿐이다.

사랑의 태도

 프롬은 말했다. "사랑의 대상이 자기 자신이든 타인이든, 사랑은 하나의 태도다. 내가 자신을 사랑할 수 없다면, 나는 누구도 진정으로 사랑할 수 없다." 많은 사람이 자신을 제대로 사랑하지 못하면서도 타인을 사랑하려 한다. 그러나 자기 자신을 비난하고 믿지 못하는 사람은, 타인을 온전히 이해하거나 존중하기 어렵다. 비록 마음이 통해 연인이 되었다 해도, 자신을 무시하거나 깎아내리는 사람은 결국 타인의 인정과 관심에 의존하게 되고, 그에게 진정한 사랑을 줄 수 없게 된다. 그런 사랑은 쉽게 불안정해지고, 사소한 말 한마디에도 상처받고 오해를 쌓기 마련이다. 예를 들어 내가 얼굴에 있는 점을 콤플렉스로 여긴다고 해보자. 어떤 사람이 "그 점이 매력적이에요"라고 말했을 때, 나는 그 말을 그대로 받아들이기보다 "어? 내 코에 점이 그렇게 잘 보이나?", "나를 놀리는 건가?" 하고 의심부터 하게 된다. 나아가, 상대방도 자신의 얼굴에 점이 많은 게 콤플렉스라고 생각해 "저도 얼굴에 점이 많아서 좀 신경 쓰여요"라고 말했을 때, 내가 보기엔 그 점이 거의 보이지 않을 정도로 작다면, 그 말을 '나를 무시하는 말'로 받아들여 버럭 화를 내거나, 상대방의 말을 무례함으로 받아들일 수도 있다. 이처럼 자기 자신에 대한 불신은 사랑을 왜곡시킨다. 스스로를 있는 그대로 받아들이지 못하면, 타인의 말도 곧이곧대로 받아들이기 어렵고, 또 타인의 결점과 상처도 있는 그대로 바라봐 줄 수 없다. 그래서 사랑은 타인에게만 적용되는 것이 아니라, 나를 바라봐 주는 것과도 같다. 나를 비난하기보다 인정해 주고, 실수했을 때도 스스로를 다독이는 태도. 그게 바로 사랑을 품기 위한 첫 번째 조건이다. 스스로를 사랑할 줄 아는 사람은 혼자서 맛집을 찾아가고, 혼자서 좋아하는 영화를 보러 갈 수 있다. 친구가 없어서가 아니라 타인의 인정이나 관심에 매달리지 않고, 자신의 인생을 즐길 줄 아는 것이다. 반대로 자신을 사랑하지 못하는 사람은 누군가의 말이나 시선 때문에 자기가 하고 싶은 걸 하지 못한다. 인생의 주도권을 타인이 아닌 내가 쥐고 있어야 비로소 나를 이해하고, 타인도 보듬어줄 수 있다. 자기 자신을 사랑한다는 것은 거울을 보며 스스로를 칭찬하는 일이 아니다. 나의 존재를 있는 그대로 받아들이고, 나도 존중받을 가치가 있다는 믿음에서 비롯된다. 자신감과 자존감의 차이를 아는가? "나는 최고다." 이게 자신감이고, "못나면 좀 어때? 다들 이렇게 살아" 이게 자존감이다. 자신이 조금 부족하고 못난 부분이 있더라도 그것을 인정하고 스스로를 따뜻하게 보듬어줄 줄 아는 태도, 그것이 바로 진짜 자존감이다. 이런 자존감을 지닌 사람은 타인에게 감정적으로 의존하지 않고, 오히려 타인에게도 편안함과 안정감을 준다. 만약 누군가가 나를 믿고 사랑을 건네주었을 때, 그 애정에 진심으로 응답하고 싶다면, 먼저 나 자신을 바로 세우는 일부터 시작하길 바란다. 내가 나를 어떻게 대하느냐가 결국 내가 사랑하는 모든 것을 대하는 방식으로 이어진다. 그러니 오늘만큼은, 내게 조금 더 따뜻해지기로 하자. 그것이 사랑을 시작하는 첫걸음일 것이다.

사랑의 대상이 자기 자신이든, 타인이든,
사랑은 하나의 태도다.
내가 자신을 사랑할 수 없다면,
나는 누구도 진정으로 사랑할 수 없다.

불안정한 연애

004

　연애할 때, 연락이나 말투에서 자신에게 마음이 식은 건 아닌지 괜한 의심을 품는 사람들이 있다. 이들은 단답형 문자, 줄어든 이모티콘, 전보다 느려진 응답 속도에 기분이 들쑥날쑥한다. "분명 어제까지만 해도 다정했는데, 오늘은 왜 이렇게 차갑게 느껴질까?" 혼자 해석하고, 혼자 상처받는 것이다. 이렇게 상대의 작은 변화에 곧바로 마음이 흔들리는 심리를 가진 사람들은 의외로 그 문제가 타인에게 있다기보다는 스스로에게 있을 때가 많다. 사람은, 상대방을 너무 사랑하면 자신보다 상대를 더 낫다고 여기기도 한다. 일방적으로 건강한 연애를 하는 사람들은 "너를 이만큼 사랑해"라는 것을 보여주지만, 이들은 "너를 이만큼 사랑하는데 그만큼 못 해줘서 미안해"라고 말한다. 이는 자신보다 상대가 더 나은 사람이라는 생각에서 비롯되며, 그 사람이 떠나갈까 봐 자신을 더 잘 보이게 하려는 불안에서 나온다. 그래서 더 좋은 사람처럼 보이려 애쓰고, 자신을 자꾸만 작게 만든다. 하지만 진심을 보여주는 것과 서로를 믿는 마음은 전혀 다른 문제다. 상대를 좋아한다는 이유로 답장에 집착하고, 그 사람의 행동 하나하나에 기분이 쉽게 휘둘리게 된다면, 자신도 피곤할뿐더러, 상대방도 금방 지치게 된다. 그래서 이들에게는, 상대방도 "나를 많이 좋아하는구나"라는 믿음이 필요하다. 예를 들어 조금은 연락이 늦어도 "바쁘겠지"라고 생각하거나, 오늘은 조금 말투가 무뚝뚝해도 "힘들었구나"라며 상대를 이해하고 믿어주는 마음을 가져야 한다는 것이다. 사람들이 자주 착각하는 건, 사랑이 보여야 그 사랑을 확인할 수 있고, 상대방의 마음을 믿을 수 있다고 생각하는 것이다. 그러나 사랑은, 보여줌으로써 서로 간의 믿음이 커지는 것이 아니라, 서로에게 믿음을 주려고 노력하기에 사랑이 커지는 것이다. 즉, 내가 상대방에게 믿음을 주고, 상대방도 나에게 믿음을 준다면 서로의 신뢰에서 오는 사랑은 커질 수밖에 없다. 프롬은 이렇게 말했다. "사랑은 하나의 신념 행위이며, 신념이 부족한 사람은 사랑도 부족하다." 만약 사랑을 오래 지속하고 싶은 사람이라면, 이 말을 깊이 새기고, 상대에게 먼저 믿음을 바라기보다, 먼저 믿음을 주는 사람이 되어야 한다. 그럼, 상대도 당신에게 더 깊은 사랑을 보여줄 것이다. 혹여 "믿음을 줬다가 나에게 상처를 주면 어떡하지?"라고 생각한다면, 그것도 그것대로 괜찮다. 사람의 본성을 알고 싶다면 무조건 잘해주라는 말이 있다. 잘해줘야 그 사람이 나를 이용하려 만나는 것인지, 정말로 친해지고 싶어 만나는 것인지 보인다는 것이다. 이처럼 먼저 믿음을 줬지만, 그 사람이 나에게 믿음 대신 상처를 준다면 더 이상 시간 낭비하지 말고, 칼같이 끊어내면 된다. 물론, 사랑은 계산적이지 않고 있는 그대로 바라봐 주는 게 좋다. 다만, 나를 이용해 먹는 사람이라면 한 시라도 더 빨리 드러날 테니, 먼저 믿음을 주는 사람이 되자. 그리고 나 역시 사랑받을 자격이 있는 사람이라는 믿음을 갖고, 내가 충분히 괜찮은 사람이라는 확신을 잊지 않길 바란다. 당신은 그저 존재하는 것만으로도 충분히 사랑받을 이유가 있으니 말이다.

사랑은 하나의 신념 행위이다.
신념이 부족한 사람은 사랑도 부족하다.

안정적인 사랑

 사랑이 어려운 이유 중 하나는, 불확실성을 갖고 있기 때문이다. 아무리 가까운 사이라도, 사소한 한마디에 이별하기도 하고, 오랜 시간을 함께했더라도 순간의 소홀함 때문에 끝을 맺게 되기도 된다. 그래서 사람들은 시간이 흐를수록 타인의 확신한 표현을 원하고, 늘 같은 온도로 사랑해 주길 바란다. 하지만 사람의 마음은 그렇게 단순하지 않다. 피곤하거나 예민한 날이 있을 수도 있고, 때로는 말 한마디 없이 혼자 있고 싶은 순간도 생긴다. 그러나 인간은 그런 불안정한 나조차 믿어주고 사랑해 주는 '안전한 사랑'을 원한다. 하지만 그런 완벽한 사랑은 어디에도 없다. 오히려 이런 사람을 만나려고 하고, 기대감이 클수록 안정감 있는 사람을 만나기가 어렵고, 작은 불안에도 쉽게 관계가 깨지게 되어 있다. 에리히 프롬은 이런 말을 했다. "우리가 스스로에게 세워야 할 과제는 '안전함을 느끼는 것'이 아니라 '불안을 용인할 수 있는 능력'을 갖추는 것이다." 즉, 누구나 바라는 안전한 사랑을 찾기보다, 내가 먼저 그 불안함을 이해하고 받아들일 줄 아는 능력을 키워야 한다는 것이다. 불안하다고 해서 그 사랑이 잘못된 것은 아니다. 오히려 사랑하기에 불안을 느끼는 것이다. 진심을 다하고 애쓰는 관계일수록, 자연스레 소유하고 싶고, 잃기 싫은 마음이 생기기 마련이다. 그럴 때일수록 '내가 그만큼 진심이구나'라고 스스로의 마음을 인정한 뒤, 그 감정을 건강하게 표현할 수 있어야 한다. 우습게도 사람 마음은 참 간사해서, 완벽한 이상형을 만났을 땐 그 사람의 무관심조차 감내하려 들면서도, 자신보다 조금 부족하다고 느끼는 사람을 만났을 땐 아주 작은 결점에도 관계를 망설이게 된다. 그러나 사랑에서 가장 중요한 건 '상대가 나에게 얼마나 확신을 주는가'보다, 상대방이 나에게 확신을 주었을 때 내 마음이 변하지 않도록 경계해야 한다는 사실이다. 그리고 나의 감정이 언제나 간사하게 바뀌듯, 상대방 역시 늘 같은 마음일 수는 없다는 것을 인지하고, 서로 맞춰가기 위해 노력해야 더 안정적인 사랑을 할 수 있다. 사랑은 확신 위에만 서는 감정이 아니라, 불확실함 속에서도 서로를 맞춰가는 태도다. 정말로 안정적인 사랑을 하고 싶다면 완벽한 타인을 만나려 하기보다, 불안해도 다시 믿을 수 있는 관계를 만들어가길 바란다.

**우리가 스스로에게 세워야 할 과제는
'안전함을 느끼는 것'이 아니라
'불안을 용인할 수 있는 능력'을 갖추는 것이다.**

Q.

사랑은 태도다.

당신은 어떤 태도로 사랑에 임하고 있는가?
→ 그때의 마음가짐을 떠올려 적어보자.

나의 연애 기간 마음가짐 확인하기

1달 미만 : ....

5달 미만 : ....

1년 미만 : ....

3년 미만 : ....

5년 미만 : ....

10년 미만 : ....

Chapter. 04

성숙한 사랑은
어떻게 하는 것인가

Erich Fromm

데이트 비용으로 보는 성숙한 사랑

요즘 연애 문화에서 '데이트 비용을 누가 더 내야 하느냐'는 주제가 자주 도마에 오른다. 누군가는 "남자가 쪼잔하게 그것을 따지고 있냐"고 말하고, 또 다른 누군가는 "당연한 것은 없으니, 더치페이가 기본이다"이라고 주장한다. 문제는 이런 논의가 단순한 의견 차이를 넘어서 남녀 갈라치기, 즉 남녀 갈등의 양상으로 번지고 있다는 점이다. 마치 비용을 누가 더 냈는지가, 사랑의 진정성과 상대의 성의까지 판가름하는 척도가 되어

버린 듯하다. 하지만, 이 문제는 단순히 돈의 문제가 아니다. 이전에 프롬이 말한 '소유의 사랑'과 '존재의 사랑'의 개념을 떠올려볼 수 있다. 소유의 방식에 빠진 사랑은 돈을 통해 관계를 통제하려 하거나, 자신의 기여에 대해 일종의 보상을 기대하게 만든다. "내가 밥을 샀으니, 너도 그만큼의 감정을 보여줘야 한다"는 식이다. 이처럼 손익계산서가 앞서는 관계는 오래가기 어렵다. 반면 존재의 방식은 '함께 있는 그 자체에서 오는 기쁨'을 중시하기 때문에 누가 얼마를 냈는지가 아니라, 서로를 향한 태도를 중요시 여긴다. 에리히 프롬은 이렇게 말했다. "사랑은 주는 것 그 자체가 기쁨이 되어야 한다." 즉, 사랑한다면 누가 더 냈고, 덜 냈느냐가 중요한 게 아닌, 주는 것에서 기쁨을 느껴야 한다는 것이다. 연애에서의 데이트 비용 문제는 단순한 경제적 분담을 넘어, 관계의 본질을 어떻게 바라보느냐의 문제이다. 소유에 의해 미성숙한 사랑을 하는 사람은 자연스럽게 손익 계산을 할 것이고, 존재에 의해 성숙한 사랑을 하는 사람은 주는 것에 기쁨을 느낄 것이다. 그렇다고 경제적으로 부족한데 주라는 말은 아니다. 그저, 줄 수 있다면 주되 그것의 손익을 따지고 아까워하기보다, 주는 행위 자체에 기쁨을 느낄 줄 알아야 한다는 것이다. 이런 말이 있다. 이것이 정확히 판별되지 못하는 사람이라면 그 연애는 불행한 연애가 될 것이다. 그러니, 내가 주는 것에 기쁨을 느끼는 관계인지, 아니면 손해 보지 않기 위해 따지는 관계인지 잘 확인해 보길 바란다.

사랑은, 주는 것 그 자체가 기쁨이 되어야 한다.

이해심으로 보는
성숙한 사랑

    대부분의 사람은, 많은 부분이 통해야 괜찮은 사람이라 생각해서 처음에 잘 맞는 거 같으면 그 분위기에 휩쓸려 연애를 한다. 그래서 초반에는 좋다가도 시간이 흐를수록 안 맞는 것이 점점 드러나면 말다툼을 하거나, 끝을 생각하기도 한다. 하지만 정말 잘 맞는 사람은 모든 게 잘 맞는 사람이 아니라, 틀린 부분도 맞춰갈 수 있는 '이해심'이 같은 사람이다. 에리히 프롬은 말했다. "이해는 사랑의 핵심이다. 누군가를 진정으로 이해하려는 노력 없이는 사랑할 수 없다." 그렇다. 사랑에는, 그 사람이 무엇을 하든 "그 사람의 입장이라면 그럴 수도 있겠다." 하고 이해할 수 있는 '이해심'이 가장 중요하다. 사람은 각자 살아온 환경도 다르고, 보고 듣고 배운 것도 다르기에 완전히 같을 수 없다. 예뻐 보이고, 매력적이며, 예의가 바르면 누구나 좋아한다. 하지만 못난 행동을 해도, 나와 조금은 달라도, 젓가락질을 잘 못해도, 가끔은 바보 같아 보여도, 그런 모습마저 좋아해 주고 이해해 주는 마음이 바로 성숙한 사랑이다. 성숙한 연인 관계는 서로의 완벽함을 사랑하는 것이 아니라 불완전함까지도 포용할 수 있는 넓은 마음에서 시작된다. 때로는 상대방의 고집스러운 면이 답답하게 느껴질 수도 있고, 나와는 전혀 다른 생각과 행동 방식에 당황할 수도 있다. 그러나 그 순간에도 "이 사람은 왜 이렇게 행동할까?"라고 궁금해하며, 그 이면의 이유를 찾아보려는 마음, 그것이 바로 상대방을 존재의 방식으로 바라보는 마음이기도 하다. 이처럼 서로 다름을 인정하면서도 함께 성장해 나가려는 의지가 있을 때 비로소 깊은 사랑이 가능하다. 이해심이 있는 사랑은 시간이 지날수록 더욱 돈독한 사이를 만들게 될 것이다.

이해는 사랑의 핵심이다.
누군가를 진정으로 이해하려는 노력 없이는
사랑할 수 없다.

003

나다운
성숙함

    연애하다 보면 우리는 종종 '좋은 사람'이 누구인지 고민하게 된다. 몇몇 사람들은 나를 성장시키고 어른스럽게 만들어주는 사람을 만나야 한다고 말하기도 한다. 그런 사람들이 나를 더 성숙하고 현명한 사람으로 변화시켜 주기도 하니까 말이다. 하지만 내가 상대방에게 실망을 주거나 부족한 행동을 했을 때, 상대가 나를 이상하게 볼까 봐 떠안는 불안감을 지녀야 한다는 점에서 오히려 유치한 관계가 더 낫다. 아무리 나를 잘 꾸며도 결국 진짜 모습은 드러나기 마련이고, 그때 서로가 느끼는 어색함이나 실망감은 피할 수 없기 때문이다. 프롬의 철학에서 보면, 있는 그대로의 나를 존중해주는 사람과 있을 때, 우리는 비로소 사랑 속에서 '존재'하게 된다. 그래서 관계에서 어른스럽거나, 유치한 것을 떠나 '있는 그대로의 나'를 받아들일 줄 아는 사람을 만나야 한다는 것이다. 그러나 생각해 보면, 같이 있을 때 늘 격식 있는 말보다는 서로가 서로에게 '초딩이냐?'는 말이 나오고, 어른스러워 보이는 행동보다는 눈치 보지 않고 우스꽝스러운 몸짓을 하며, 서로 키득거리며 웃을 수 있는 관계가, 비록 영양가 없는 말과 행동들일지라도 가장 '나'다워질 때이다. 그렇기에 연인 간의 유치해지는 관계는 무엇보다 중요하다. 또한 이렇게 있는 모습 그대로의 나를 보여줄 수 있다는 것은 상대방 또한 그런 나를 이해하고 받아줄 줄 아는 성숙함을 품었다는 것이다. 그러니, 만약 지금의 연애가 나다움을 편하게 보여줄 수 있는 유치한 관계라면, 소중히 지켜내길 바란다. 그건 철이 없고 미성숙한 게 아닌, 서로가 서로를 있는 그대로 인정해 주는 '존재'의 성숙한 연애를 하고 있다는 증거이다.

**있는 그대로의 나를 존중해주는 사람과 있을 때,
우리는 비로소 사랑 속에서 '존재'하게 된다.**

004

성숙한 사랑에 필요한 네 가지 요소

 에리히 프롬은, 성숙한 사랑에는 네 가지 필수 요소가 있다며 이렇게 말했다. "사랑이란, 우리가 사랑하는 존재의 삶과 성장에 대해 능동적으로 관심을 가지는 것이다. 이러한 능동적 관심이 없다면 사랑도 없다. 이는 모든 형태의 사랑에 공통된 것이다. 그것은 사랑의 기본 요소이며, '보살핌 care, 책임 responsibility, 존중 respect, 지식 knowledge'으로 구성되어 있다." 그가 말하는 첫 번째, 보살핌은 단순한 친절을 넘어서 사랑하는 사람이 행복하길 진심으로 바라는 마음이다. 그는 꽃을 사랑한다고 말하면서도 물을 주지 않는 사람은, 진심으로 꽃을 사랑한다고 믿을 수 없다고 말하며 사랑을, 상대방의 성장과 생명을 향한 적극적인 관심이라고 말했다. 두 번째, 책임은 타인의 필요에 자발적으로 반응할 줄 아는 능력이다. 그는 책임을 단순히 의무감이 아니라, 상대방이 표현한, 혹은 표현하지 않은 요구에 대해 내가 자발적으로 반응하는 태도라고 정의한다. 쉽게 말해, 사랑하는 사람의 문제가 나와 무관한 것이 아니라, 내 문제처럼 여기고 함께 짊어지는 자세가 바로 책임이라는 것이다. 세 번째, 존중은 상대방을 나의 기대에 맞게 바꾸려 하지 않고, 있는 그대로의 모습을 인정하는 태도다. 존중 없는 책임은 곧 지배와 소유로 변질될 수 있기에, 진정한 사랑에는 반드시 존중이 함께해야 한다고 말했다. 네 번째, 지식은 사랑하는 대상을 깊이 이해하고자 하는 노력이다. 상대의 좋은 것들만 아니라, 두려움과 기쁨, 그리고 지금의 그를 만든 성장의 배경까지 이해하고자 하는 마음이 바로 '지식'

이다. 에리히 프롬은 상대를 제대로 이해하지 못하면서 사랑한다고 말하는 것은 결국 환상에 불과하다고 보았다. 그는 진정한 사랑이란, 상대를 깊이 알고자 하는 끊임없는 관심과 애정에서 시작된다고 강조한다. 그래서 사랑이 성숙해지기 위해서는 배려, 책임, 존중, 지식이라는 네 가지 요소가 모두 갖춰져야 하며, 그중 어느 하나라도 부족하면 사랑은 쉽게 왜곡되거나 의존과 지배의 관계로 변질될 수 있다고 경고했다. 그의 말처럼 우리가 성숙한 사랑을 원한다면, 네 가지 태도를 일상에서 꾸준히 연습하고 실천하려는 자세가 무엇보다 중요하다. 특히, 현대 사회처럼 빠르게 변하고 모든 것을 접하기 쉬운 시대에, 사람들은 점점 더 피상적인 관계에 익숙해지고, 진심 어린 대화보다는 즉각적인 반응에 의존하며, 상대를 알아가려는 노력보다 겉모습이나 이미지에 기대어 관계를 맺으려 하기에, 이러한 진정성을 한 번 고민해 보길 바란다. 내가 얼마나 그 사람을 보살피려 하고, 책임지려 하며, 존중하고 알아가려고 하는지 고려해 본다면, 단언컨대 지금보다 훨씬 더 성숙하고 진실한 사랑을 할 수 있을 것이다.

**사랑의 기본 요소는
'보살핌, 책임, 존중, 지식'으로 구성되어 있다.**

성숙한 사랑과
미성숙한 사랑의 차이

    프롬은 성숙한 사랑과 미성숙한 사랑의 차이에 대해 이렇게 말했다 "성숙한 사랑은 '당신을 사랑하기 때문에 당신이 필요해요'라고 말하고, 미성숙한 사랑은 '당신이 필요하기 때문에 당신을 사랑해요'라고 말한다." 둘 다 상대를 필요로 말하는 것 같지만, 그 의미는 명확히 다르다. "당신이 필요하니까 사랑해요"라는 말은, 상대를 자신의 외로움이나 결핍을 채우기 위한 수단으로 먼저 바라보는 것이고, "당신을 사랑하기 때문에 필요해요"라는 말은 먼저 사랑이 기반이 되고, 그 사랑 속에서 상대의 존재가 소중해졌기에 필요하다는 것이다. 그래서 전자는 상대가 자신의 기대를 채워주지 못할 때 쉽게 실망하고 관계를 포기하지만, 후자는 사랑 그 자체가 중심이기 때문에 어려움이 있어도 함께 해결해 나가려 한다. 결국 성숙한 사랑과 미성숙한 사랑의 차이는 '사랑이 먼저인가, 필요가 먼저인가'에 따라 결정되며, 그 차이는 관계의 깊이뿐 아니라 일상 속 작은 행동에서도 드러난다. 시간을 내서 오는지, 시간이 나서 오는지. 침묵을 편해하는지, 불편해하는지. 내가 얼마나 받았는지를 보는지, 내가 얼마나 주었는지를 보는지. 함께 성장하고 싶어 하는지, 자신에게 맞춰주길 바라는지. 싸우면 자신을 다듬어가는지, 상대를 고치려 하는지 다 보이게 되어 있다. 즉, 사랑은 어떤 태도로 상대를 대하느냐에 따라 성숙한 사랑과 미성숙한 사랑으로 나뉘게 된다. 만약 자신의 사랑이 불안하다고 느껴진다면 내가 어떤 마음으로 연애를 하고 있는지 되돌아보길 바란다. 내가 어떻게 행동하고, 어떤 것에 불안해하는지 자신의 태도를 살펴보면, 그 안에 아직 발견하지 못한 자신의 미성숙한 사랑이 보일 것이다. 이런 자각만으로도 더욱 나은 사랑을 할 수 있다.

**성숙한 사랑은
'당신을 사랑하기 때문에 당신이 필요해요'라고 말하고,
미성숙한 사랑은
'당신이 필요하기 때문에 당신을 사랑해요'라고 말한다.**

결핍에 의한 사랑

　에리히 프롬은 결핍에서 비롯된 사랑에 대해 이렇게 말했다. "사랑이 결핍에서 비롯된다고 믿는 사람은, 자신의 내면적 공허를 채우기 위해 상대를 필요로 한다. 그러나 이것은 진정한 사랑이 아니다. 그것은 의존이자 탐욕일 뿐이다." 결핍으로 사랑을 시작하는 사람은 자신의 외로움을 달래주길 바라거나, 우울하고 힘든 감정을 들어줄 누군가를 원하며, 자신을 더 특별하게 만들어주길 기대한다. 그리고 상대방이 그 기대에 미치지 못하면 실망하고, 때로는 분노하기도 한다. 하지만 이런 사랑은, 상대를 있는 그대로 바라보지 못하고, 자신의 욕망을 채우기 위한 소유의 수단으로 여기는 것이다. 사랑이라기보다는 의존에 가깝다. 이는 프롬이 말하는 미성숙한 사랑의 전형적인 모습이다. 그렇다고 결핍이 나쁜 것만은 아니다. 삶의 목표나 꿈을 이루는 데 있어 우리를 성장시키는 원동력이 되기도 한다. 그러나 사랑에 있어서 결핍은 그렇게 긍정적인 힘으로 작용하지 않는다. 외롭거나 공허한 마음에서 시작된 관계는 자칫 "나를 이해해 주겠지", "내 외로움을 채워주겠지?"라는 일방적인 기대와 판타지를 상대에게 투영하게 되기 때문이다. 타인을 통해 잠시 위로받을 수는 있겠지만, 세상에 그 어떤 사람도 타인의 결핍을 완전히 채워줄 수 있는 사람은 없다. 공허함을 이겨내는 일은 오직 자신만이 해낼 수 있다. 대부분의 결핍은 어린 시절 충분한 애정을 받지 못했거나, 주변 사람들과의 관계 속에서 친밀함을 제대로 형성하지 못한 경험에서 비롯된다. 또한 사람은 자신의 내면에 있는 어두운 면과 비슷한 결을 지닌 사람에게 자연스럽게 끌리게 되어 있기 때문에, 그 결핍을 채우기 위해 사람을 함부로 만나면 안 되는 이유가 여기에 있기도 하다. 그래서 우리가 외롭거나 누군가 나의 공허함을 채워주길 원할 때 가져야 할 마음은 "내가 생각보다 강하네"라고 생각하는 것이다. 지금까지 힘든 이 세상을 견뎌내 왔다는 건 생각보다 강하다는 것이다. 분명 결핍으로 인해 타인에게 많은 상처를 받고, 또 무시도 당하고, 배신도 당했을 것이다. 그만큼 쉽게 자신을 내줬으니 말이다. 하지만 그런 어려움도 잘 견뎌 온 당신은 정말 기특하고 강한 사람이다. 상처받았던 기억은 분명 가슴 속에 깊이 남겠지만, 그깟 상처 따위가 나의 앞길을 결정짓도록 내버려 두지 말아야 한다. 이제는 조금은 내가 모나도, 그것에 대해 솔직해지고 또 인정하고 고쳐나가는 사람이 되어보자. 그렇게 상처를 조금씩 놓아주다 보면, 미성숙한 사랑을 지나 성숙한 사랑에 다가갈 수 있다.

사랑이 결핍에서 비롯된다고 믿는 것은
의존이자 탐욕일 뿐이다.

각자의 개성을
살리는 일

　에리히 프롬은 말했다. "성숙한 사랑은 두 사람이 하나가 되면서도 각자의 개성을 유지하는 것이다." 이 짧은 문장은 성숙한 사랑의 본질을 명확하게 드러낸다. 많은 사람이 사랑을 '하나 됨'이라고 생각한다. 함께 있는 시간, 감정의 공유, 같은 목표를 향해 가는 것, 이런 것들이 사랑의 증거라고 믿는다. 하지만 프롬은 사랑이 서로를 흡수하고 동화시키는 것이 아니라, 각자의 고유함을 지키면서도 함께할 수 있는 능력이라고 강조했다. 만약 수진과 근오가 대학교 독서토론 동아리에서 처음 만났다고 쳐보자. 수진은 심리학과 학생으로 사람의 마음을 이해하는 일에 깊은 관심을 가지고 있었고, 근오는 건축학과에서 공간을 통해 사람들의 삶에 활기를 불어넣고 싶어 하는 열정적인 학생이었다. 두 사람은 서로 다른 분야에서 공부하고 있었지만, 토론을 통해 서로의 생각에 깊이 공감하며 자연스럽게 가까워졌다. 연애 초기, 수진은 상담심리학 공부에 몰두하며 다양한 자격증 취득을 위해 노력했다. 근오는 그런 수진의 모습을 보며 "어려울 텐데 열정적인 모습이 멋있다"라고 따뜻하게 격려했다. 반대로 근오가 설계 과제로 밤을 새울 때면, 수진은 조용히 커피를 가져다주며 "네가 만드는 건물에서 많은 사람이 행복해질 거야"라고 응원했다. 졸업 후, 수진은 청소년 상담센터에서 일하기 시작했다. 그녀는 아이들과 만나는 시간이 너무 소중했고, 퇴근 후에도 관련 서적을 읽으며 더 나은 상담사가 되기 위해 노력했다. 근오는 건축사무소에 취업해 실무 경험을 쌓으며 언젠가 자신만의 사무소를 여는 꿈을 키웠다. 그는 주말마다 새로운 건축물을 둘러보며 영감을 얻곤 했다. 그러던 어느 날, 수진에게 해외 연수 기회가 주어졌다. 6개월간 독일에서 진행되는 가족치료 전문가 과정에 참여할 수 있는 기회였다. 수진은 망설였다. 근오와 떨어져 있는 것이 불안했기 때문이다. 하지만 근오는 "이건 네가 정말 원했던 거잖아. 네가 보고 싶겠지만, 열심히 내 일을 하며 기다리고 있을게."라고 말했다. 수진은 근오의 진심 어린 지지에 용기를 얻어 독일로 떠났다. 수진이가 해외에 있는 동안, 근오는 자신의 프로젝트에 더욱 집중할 수 있었다. 그는 아동도서관 설계 공모전에 출품할 작품을 준비하며, 수진이 평소 이야기했던 아이들의 심리적 특성을 건축 공간에 반영하려고 노력했다. 수진 역시 독일에서 새로운 치료 기법을 배우며 성장했고, 근오와 영상통화를 하며 자신이 배운 것들을 흥미롭게 나눴다. 6개월 후 수진이 돌아왔을 때, 근오는 아동도서관 설계 공모전에서 대상을 받았다. 수진은 "내가 없는 동안 이렇게 멋진 일을 해냈구나"라며 자랑스러워했다. 근오는 "네가 평소 아이들에 대해 해준 이야기들이 큰 도움이 됐어. 우리가 각자 다른 곳에서 성장한 것들이 결국 우리를 더 풍요롭게 만든 것 같아"라고 말했다. 몇 년 후, 수진은 상담센터에서 팀장으로 승진했고, 근오는 드디어 자신의 작은 건축사무소를 열었다. 그들이 자주 가던 한강 카페에서 만난 어느 일요일, 수진은 이렇게 말했다. "우리가 여기까지 올 수 있었던 건, 서로의 꿈을 방해하지 않고 오히려 힘이 되어줬기 때문인 것 같아." 근오도 고개를 끄덕이며 "맞아, 우리 각자의 성장이 결국 우리 관계를 더 단단하게 만든 거야"라고 답했다. 그들은 각자의 전문성을 키워가면서도 서로의 사랑을 더욱 깊게 만들어간 자신들을 되돌아보며 미소 지었다. 수진은 "만약 우리가 서로를 응원하지 않고, 그냥 있었다면 지금의 우리가 있을 수 있었을까?"라고 물었고, 근오는 "그러지 않았을 거야, 네 덕분에 나도 함께 성장할 수 있었어"라고 답했다. 이들의 사랑은, 서로를 하나로 묶으면서도 각자의 고유한 개성과 꿈을 존중하는 성숙한 사랑의 모습을 보여준다. 그들은 사랑한다는 이유로 상대방의 목표와 꿈을 멈춰 세우지 않았기에, 각자의 성장이 결국 관계의 발전으로 이어진 것이다. 이처럼 진정한 사랑은 두 사람이 완전히 같아지는 것이 아니라, 서로 다른 두 개의 완전한 존재가 만나 서로에게 성장할 수 있는 기회를 만들어주는 것이다. 그래서 성숙한 사랑을 하는 사람은 함께 있어도 자유롭고, 떨어져 있어도 불안하지 않아 한다. 괜히, 자신이 없어서 더 행복해 보인다고 질투하거나 서운해하기보다는, 그런 모습을 응원하고 자랑스러워할 수 있는 마음을 가진다. 그것이 바로 개성을 존중하는 사랑의 모습이다. 이렇게 각자의 삶을 사랑할 줄 아는 사람들은 아름다운 사랑을 할 수 있다.

**성숙한 사랑은 두 사람이 하나가 되면서도
각자의 개성을 유지하는 것이다.**

008

성숙한 사랑의 확장

'결국 사랑이 이긴다'는 말을 좋아한다. 아무리 현실이 녹록지 않고 살기 어려워도 인간은 결국 무언가를 사랑할 때 가장 힘을 내고, 그로 인해 삶의 의미를 찾기 때문이다. 생각해 보면, 사랑은 온전히 '그것'만 사랑하는 것이 아닌, '그것'으로 인해 다른 것들도 사랑할 수 있게 만드는 힘을 가지고 있다. 에리히 프롬은 이렇게 말했다. "만약 내가 어떤 이에게 '당신을 사랑합니다'라고 말할 수 있다면, 나는 그 사람 안에서 모든 사람을 사랑하고, 그 사람을 통해 세상을 사랑하며, 그 사람 안에서 나 자신도 사랑하고 있어야 한다." 이처럼 사랑은 특정한 대상만을 향한 감정이 아니라, 하나의 사람으로부터 시작되어 수만 가지의 것들을 점점 더 넓혀가게 만들어주는 힘이다. 사랑하는 사람 덕분에 가족에게 더 따뜻해지고, 친구들에게 더 관대해지며, 낯선 이에게도 조금은 더 온화해지는 것. 이처럼 성숙한 사랑은 나의 세계가 좁아지는 게 아닌, 점점 넓어지는 사랑이다. 그래서 우리는 사랑을 할 때마다 조금 더 나은 사람이 되어야 한다. 아침에 반갑게 인사를 건네고, 축 처진 출근길에도 힘차게 걸어가는 그런 모습이 보여지는, 그리고 저절로 그렇게 되는 사랑을 해야 한다는 것이다. 하지만 그 반대라면, 그 사랑은 다시 돌아봐야 한다. 누군가를 사랑하는데 점점 내 자존감이 무너지고, 삶이 불안정해지며, 내가 작아지는 느낌이 든다면 그것은 나를 망치는 사랑일 가능성이 크다. 사랑이란 이유로 상대를 억누르거나, 상대 때문에 나 자신을 잃게 된다면, 그것은 더 이상 성숙한 사랑이 아니다. 그러니, 사랑을 한다면 나만의 욕구를 채우는 방식이 아니라, 함께 살아가고 싶은 삶의 방식으로 키워가 보자.

내가 누군가를 진심으로 사랑한다면,
나는 모든 사람을 사랑하고, 세상을 사랑하며,
삶을 사랑하게 된다.

Q.

어떤 게 더 성숙한 사랑일까?

1. 상대가 바빠서 연락이 줄었을 때, 나는?

A. "예전엔 안 그랬는데.."라며 서운함을 쌓아둔다.

B. "요즘 많이 바쁘지?"라며 먼저 다가가 진심을 묻는다.

→ 성숙한 사랑은 '예전과 다름'을 탓하기보다 '지금의 마음'을 이해하려는 태도에서 시작된다.

2. 상대가 내 말에 공감하지 못할 때, 나는?

A. "넌 항상 내 마음을 몰라!"라며 삐지기.

B. "이건 내 생각이야, 당연히 너의 입장도 이해해."라고 말하기.

→ 성숙한 사랑은 '내 감정이 전부가 아님'을 안다.

3. 상대가 힘들다고 말할 때, 나는?

A. "그건 네가 잘못해서 그런 거잖아."라고 말하기.

B. "그랬구나, 많이 힘들었겠다."라며 먼저 공감하기.

→ 성숙한 사랑은 '해결'보다 '공감'을 먼저 건네는 용기다.

4. 상대의 취미가 나에게 별로일 때, 나는?

A. "나랑 있을 땐 그 얘기 좀 그만해!"라며 은근히 불편한 티를 낸다.

B. "그게 정말 좋구나?"라며 관심을 가져보려 한다.

→ 성숙한 사랑은 '나만의 세계'가 아니라, '서로의 세계'를 존중하는 태도다.

Chapter. 05

사랑에 실패하는 이유

Erich Fromm

001

자본주의

 우리는 왜 반복해서 사랑에 실패하는 걸까? 서로를 향한 마음은 분명 진심이었고, 함께한 시간도 허투루 보낸 것이 아니었는데, 왜 끝은 언제나 어긋남과 상처로 이어지게 되는 걸까? 에리히 프롬은 우리가 사랑에 실패하는 이유를 사랑을 대하는 우리의 '태도'와 '세계관'에서 찾았다. 자본주의 사회가 만든 사랑의 오해, 어린 시절의 애착 방식, 비현실적인 환상과 투사, 신을 향한 사랑까지. 이 모든 것들은 우리가 사랑을 어떻게 배우고, 어떻게 실천하려 하는지를 결정짓는다. 그래서 진정한 사랑을 배우기 위해서는, 더 좋은 사람을 만나야만 되는 게 아니라, 나 자신이 어떤 방식으로 사랑을 이해하고 살아가고 있는지를 돌아보는 일이 먼저라고 말한다. 이제부터 프롬이 말한 다섯 가지 키워드를 통해, 우리가 왜 사랑에 실패하는지, 그리고 어떻게 해야 진짜 사랑에 가까워질 수 있는지를 차근차근 짚어보겠다. 먼저, 자본주의 사회에서 사랑이 실패하는 이유를 이렇게 보았다. 첫 번째로, 사람들은 연애 시장에서 자신을 '매력적인 상품'으로 포장하려 애쓴다는 점이다. 오늘날 연애 앱만 봐도 알 수 있다. 사진 몇 장과 간단한 프로필로 사람을 선택하는 모습은 온라인 쇼핑몰에서 상품을 고르는 것과 다르지 않기 때문에 키, 외모, 직업, 연봉, 학력 등의 조건들이 그 사람의 '가격표'가 된다. 사랑은 더 이상 두 영혼의 만남이 아니라 조건 맞는 파트너를 찾는 쇼핑이 되어버렸다. 그래서 "내가 이만큼 해줬으니, 너도 그만큼 해야 한다"라는 식의 거래 논리가 사랑을 지배하게 되었고, 이런 관계에서 무조건적 사랑이나 희생은 '손해'로 본다고 말했다. 두 번째로 자본주의는 모든 것을 경쟁으로 만든다는 점이다. 학교에서부터 직장까지, 심지어 연애에서도 '이기는 것'이 중요하게 되어버렸다고 말한다. 직장 동료는 승진을 위해 이겨야 할 상대이고, 같은 대학을 지원하는 학생들은 떨어뜨려야 할 경쟁자가 되어 인류애가 없어지고, 경쟁에서 살아남기 위해 자신의 약점을 드러내면 안 되게 되었다는 것이다. 그래서 사람들은 가면을 쓰고 살아가며, 진정한 자신을 보여주기를 두려워하기 때문에 사랑을 쉬이 할 수 없는 상태가 되었다고 보았다. 세 번째로 자본주의 문화는 끊임없는 소비를 부추긴다는 점이다. 광고만 봐도 현재에 만족하지 말고, 항상 더 나은 것을 추구하라고 속삭인다. 이런 소비주의적 사고방식은 사랑에도 그대로 적용되어, 사람들은 현재의 연인에게 만족하지 못하고 항상 '더 나은' 사람이 있을 것이라고 생각하게 된다는 것이다. 그리고 소셜미디어는 이런 환상을 부추기며 다른 사람들의 연애가 항상 더 로맨틱하고 완벽해 보이고, 내 연인의 작은 단점들이 크게 보이게 만들었다고 비판한다. 네 번째로 자본주의 체제에서 사람들은 자신의 진정한 모습을 잃어버린다는 점이다. 프롬은 이를 '시장 지향적 성격'이라고 부르는데, 사람들이 자신을 하나의 상품으로 여기며, 타인도 소비할 대상으로 본다는 것이다. 이런 사람들에게 사랑은 소유와 지배의 수단일 뿐이며, 상대를 자신의 욕구를 충족시키기 위한 도구로 바라보게 된다. 프롬은 이처럼 자본주의가 사랑의 실패에 깊은 영향을 미친다고 보았다. 그는 "우리는 자유로운 존재인 것처럼 느끼지만, 사실상 우리가 만들어낸 시스템의 노예다"라고 말하며, 자본주의가 인간의 존재 방식까지 왜곡한다고 비판했다. 결국 자본주의가 만들어낸 외로움과 불안에서 벗어나기 위해서는, 사랑을 거래가 아닌 창조적 행위로 인식하고, 시장의 논리가 아닌 인간의 본질적인 필요에 따라 사랑을 실천하려는 개인의 의식적 노력이 필요하다고 그는 강조한다.

우리는 자유로운 존재인 것처럼 느끼지만,
사실상, 우리는 우리가 만들어낸 시스템의 노예다.

유아적 애착

유아적 애착은 심리학에서 아기의 초기 양육자(주로 부모)와의 관계에서 형성되는 기본적인 정서적 유대를 말한다. 이 애착은 아이가 자신이 안전하게 보호받고, 사랑받고, 돌봄을 받을 수 있다는 믿음을 바탕으로 형성된다. 하지만 성인이 되어서도 유아적 애착을 갖고 있는 사람은 사랑이라는 이름 아래, 끊임없이 보호받고자 하고, 계속해서 받기만 하려 한다. 에리히 프롬은 말했다. "미성숙한 사랑은 주는 것이 아니라 받는 것에만 초점을 둔다. 그것은 자아 중심적이며, 타인에 대한 배려보다는 자신의 결핍을 채우는 데 급급하다." 이처럼 '유아적 애착'을 갖고 있는 사람은 받는 것에 초점을 두려는 심리적 뿌리가 존재한다. 이들은 관계 속에서 책임을 지기보다, 어린 시절 받았던 무조건적인 보호와 관심을 반복해서 요구한다. 마치 아이가 엄마에게 칭찬과 위로를 바라듯, 이들은 연인에게 끊임없이 사랑, 배려, 감정적 돌봄을 원한다. 물론 사랑한다면 언제든 돌봄과 사랑을 줄 수 있다. 하지만 이들의 문제는 사랑을 받기만 하려 한다는 점이다. 자신은 감정적으로 미숙한 상태에 머물러 있으면서도, 연인의 성숙함과 헌신은 당연하게 여긴다는 것이다. 연인이 지치고 힘들어도 이해하려 하지 않으며, 자신이 돌봄의 대상이어야 한다는 전제를 고수한다. 표면적으로는 사랑하는 사이처럼 보이지만, 실제로는 무책임하고 일방적인 기대에 기반한 관계일 뿐이다. 이들은 사랑을 '주는 감정'이 아니라 '받는 감정'으로 이해한다. 하지만 매일 어미 새가 입에 먹이를 넣어주는 새끼는, 먹이를 앞에 놓았을 때 자기가 쪼아 먹으려 하기보다 입만 벌리고 있게 된다. 이처럼 유아적 애착을 가지고 있는 사람은, 이별을 하고 새로운 사람을 만나도 단지 의존하던 대상만 바뀌었을 뿐, 여전히 똑같은 방식으로 상대에게 도움과 관심을 요구하게 된다. 그래서 자신을 공주 대접하길 바라는 여성이거나, 부모에게 일일이 허락받는 독립심이 없는 남성은 조심해야 할 필요가 있다. 유아기의 애착은 자연스러운 것이지만, 어른이 되어서도 그 감정에 머문다면, 연애뿐만 아니라 모든 관계에서 감정적으로 자라지 못한 채 멈춰버리고 만다. 프롬은 말했다. "우리는 수많은 애정 관계에서 실패를 겪고 나서야, 의존하게 만드는 사랑을, 무의식적으로 파트너에게서 다시 찾지 않을 마음이 생긴다. 모성애와 부성애로부터의 이러한 뒤늦은 해방 과정은 일반적으로 고통스러운 포기 및 상실의 경험과 연계되어 있다." 결국 진정한 사랑을 경험하려면, 먼저 내 안에 여전히 남아 있는 '어린 감정'에 머무르지 않고, 조금씩 그것을 넘어설 수 있는 노력이 필요하다. 성숙한 사랑은 스스로 성장하려는 사람에게만 깊이 다가오는 감정인 것이다.

**미성숙한 사랑은 주는 것이 아니라
받는 것에만 초점을 둔다.
그것은 자아 중심적이며, 타인에 대한 배려보다는
자신의 결핍을 채우는 데 급급하다.**

003

사랑에 대한 환상

 에리히 프롬은 현대인들이 사랑에 대해 가지고 있는 근본적인 오해들을 날카롭게 지적한다. 사람들이 사랑에 대한 환상으로 사랑을 잘못 이해하고 있으며, 이러한 오해가 사랑의 실패를 반복하게 만드는 원인이라고 보았다. 먼저 많은 사람이 사랑이 한 번 생기면 저절로 지속될 것이라고 믿는다는 환상이다. 프롬은 이것이 가장 위험한 착각 중 하나라고 지적한다. 그는, 사랑은 지속적인 노력과 배려, 그리고 끊임없는 성찰이 필요한 능력이다. 정원을 가꾸는 일처럼, 사랑 역시 매일매일의 관심과 정성이 있어야만 꽃을 피울 수 있다고 말했다. 또한 현대인들은 초기의 강렬한 끌림이나 열정적인 감정을 사랑의 완성으로 오해한다고 했다. 심장이 뛰고, 상대방이 보고 싶고, 함께 있을 때 행복한 그 순간의 감정을 사랑의 전부라고 생각하는 것이다. 프롬은 이런 감정들이 사랑의 시작점이 될 수는 있지만, 그 자체로는 성숙한 사랑이 아니라고 보았다. 프롬이 특히 비판적으로 본 것은, 사람들이 사랑의 실패를 경험했을 때 보이는 환상이다. 많은 사람이 "사람만 바꾸면 진짜 사랑이 될 거야"라는 생각으로 새로운 대상을 찾는다는 것이다. 하지만 사랑을 대하는 자기 자신의 태도가 바뀌지 않으면 누구를 만나도 같은 실패를 반복하게 된다. 그리고 이런 환상을 품고 있는 사람은 연애 후 얼마 안 가 "사람이 변했다"며 자신을 더 이상 사랑하지 않는다고 말하게 될 것이다. 그러나 그것은 사랑이 식은 것이 아니라, 처음부터 현실을 마주할 준비가 안 되어 있었던 걸지도 모른다. 이런 말이 있다. '남자의 사랑은 100이 있으면 처음에는 100을 다 그녀에게 쓰지만, 시간이 지나 점점 자신의 자리를 찾아간다. 반면 여자는, 100이 있으면 처음에는 50을 주다 점점 그 남자에게 100의 자리를 내어준다.' 그래서 여자와 남자가 서로 이러한 특성을 이해하고 공감해 주면 더욱 돈독한 사이가 되고, 행복한 관계가 될 수 있다. 그런데 이를 넘어서 "나의 애인은 이랬으면 좋겠어.", "나는 이런 사랑을 하고 싶어"라는 환상을 품는 순간 그 관계는 쉽게 틀어지게 되는 것이다. 프롬은 이런 태도를 '미성숙한 사랑의 태도'라고 비판한다. 사랑은 감정을 넘어선 의지적 행위이며, 상대방을 깊이 이해하고 배려하려는 지속적인 노력이다. 피아노를 치거나 그림을 그리는 것과 같이 배우고 연마해야 하는 능력이지, 운명적으로 주어지는 감정이 아니라는 것이다. 이런 관점에서 보면, 사랑의 실패는 단순히 "잘못된 사람을 만나서"가 아니라, 사랑할 수 있는 능력을 제대로 기르지 못했기 때문이다. 따라서 진정한 사랑을 원한다면 먼저 자신을 성찰하고, 사랑하는 능력을 개발하는 것이 선행되어야 한다.

사랑을 추상화하며, 상상 속 사랑에 빠진 사람은 현실의 인간을 진정으로 마주할 수 없다.

투사적
메커니즘

　사람은 누구나 자신 안의 결핍과 불안을 안고 살아간다. 그러나 그 결핍을 직면하고 스스로 돌보는 일은 생각보다 쉽지 않다. 그래서 많은 사람은 자신이 감당하지 못하는 내면의 문제를 타인에게 투사하는 방식으로 회피하곤 한다. 이를 심리학에서는 투사적 메커니즘projection mechanism이라고 부른다. 쉽게 말해, 자신 안의 불안을 타인의 문제처럼 바라보며 그 책임을 넘기는 심리적 방어다. 사랑하는 관계 속에서도 이 메커니

즘은 자주 나타난다. 자기 내면의 외로움이나 불안을 들여다보지 않고, 그 감정을 상대방의 결점에서만 찾으려 한다. 예를 들어, 누군가의 차가운 태도에 상처를 받았다고 느꼈을 때, 그것이 사실은 자신의 인정 욕구나 두려움에서 비롯된 감정일 수 있음에도, 상대의 '무심함'만을 문제 삼으며 불편함을 드러내는 것이다. 이러한 투사는 연인 관계뿐만 아니라, 부모와 자식 관계에서도 자주 일어난다. 특히 자신의 삶에 대한 불만이나 공허함을 해소하지 못한 부모일수록, 자식을 통해 자신의 삶의 의미를 대신하려 한다. 자식이 좋은 대학에 가야 하고, 성공적인 경력을 가져야 하며, 부족함 없이 살아야 하는 이유가 사실은 부모 자신의 성취감이나 자존심을 채우기 위한 도구가 되어버리는 것이다. 그렇게 아이는 '존재' 그 자체로 사랑받기보다, 누군가의 결핍을 메우는 수단이 되어버린다. 에리히 프롬은 "사랑하는 능력은 자기 자신의 능력에 대한 믿음과 용기, 또 자신의 정체성과 통합된 자아를 기반으로 한다."고 말한다. 투사는 그 용기에서 벗어나려는 심리다. 스스로를 마주하지 않고, 문제를 타인에게 전가한 채 사랑하려 한다면, 그 사랑은 결코 온전할 수 없다. 진정한 사랑은 상대의 결점보다 나의 반응을 먼저 돌아보는 데서 시작된다. 내 안의 불편함이 무엇 때문인지, 내가 기대한 것은 무엇인지 정직하게 바라보는 일, 그것이 관계를 성장시키는 첫걸음이다. 사랑이라는 관계 속에서 상처받지 않기 위해 상대를 탓하고 감정을 떠넘기는 것은, 올바르지 못하다. 그래서 연인 간에 똑같은 일로 자꾸 싸우게 된다면 자신도 돌아볼 줄 알아야 한다. 반복되는 갈등 속에서 벗어나기 위함이다. 나 역시 그런 사람이 되고 있지는 않은지 자문해 보길 바란다.

사랑하는 능력은
자기 자신의 능력에 대한 믿음과 용기,
또 자신의 정체성과 통합된 자아를 기반으로 한다.

신에 대한
사랑

005

　에리히 프롬은 신에 대한 사랑도 실패가 있다고 말했다. 그는 "현대의 종교는 살아 있는 신앙이 아니라, 사회의 구조 속에 흡수되어 관습화된 제도로 남아 있다. 사람들은 신을 믿는 것이 아니라, 신을 통해 보호받고 싶어 한다."라고 말한다. 과거에는 신을 사랑과 진리, 정의의 상징으로 여겼다. 신은 인간을 내면에서 변화시키고, 존재의 의미를 되묻게 하는 근원적인 대상이었다. 그러나 자본주의 사회가 심화되면서, 신에 대한 사랑 역시 점차 본질을 잃어가고 있다. 구원과 진리는 관심 밖으로 밀려나고, 사람들은 이제 신에게서 물질적 안락과 사회적 성공을 기대한다. 신은 더 이상 절대적인 진리나 도덕의 기준이 아니라, 나의 안전을 보장해 주고 원하는 것을 이루게 해주는 도구처럼 취급되어 가고 있다. 프롬은 이런 현실을 비판했다. 현대 사회에서 종교는 점점 상업화되고, 신앙은 내면의 헌신이 아닌 외면적 형식에 불과해지고 있다. 기도를 할 때 이루어 줄 것을 믿기보다, 그저 이렇게 해달라고 요구하기만 한다. 즉, 믿음의 대상이 아니라, 그저 함께하고 가깝게 느껴야만 이 세상에서 성공할 수 있다고 믿는 대상처럼 본다는 말이다. 진정한 신앙은 두려움이나 보상 심리에서 비롯되는 것이 아니다. 우리가 신마저 시장의 논리로 바라보게 될 때는, 그 신을 믿지 않는 것과 다름없다. 우리가 여기서 중요시 생각해야 할 것은 단순히 '신을 믿느냐, 안 믿느냐'가 아니라, 나의 사랑도 이러한 사랑을 하고 있지는 않은지 돌아봐야 한다. 신을 섬기는 태도는 우리가 사람을 대하는 방식에서도 고스란히 드러나기 때문이다. 물질적 조건이나 사회적 지위에 끌려 사람을 만나고 있을 수도 있고, 혹은 사람 자체보다 '조건'을 보고 상대를 만나고 있을지도 모른다. 만약 지금 내가 만나는 사람이 평생 갈 사람인지, 아닌지 헷갈린다면 스스로에게 이렇게 질문해 보자. "이 사람이 조건을 갖추지 못했을 때도, 내가 그를 이해하고 받아들일 수 있는가?" 그럼, 자신의 사랑이 조건에 의한 사랑인지, 상대 자체를 보고 하는 사랑인지 알 수 있을 것이다.

**사람들은 신을 믿는 것이 아니라,
신을 통해 보호받고 싶어 한다.**

Q.

사랑을 실패하게 만드는
무의식적 언어 10가지

1. **나를 더 사랑해줬으면 좋겠어.**

   → 사랑을 받는 양으로 평가하기 시작하면 끝이 없다.

2. **내가 이렇게 해줬는데 왜 몰라줘?**

   → 사랑을 거래로 인식하는 순간, 감정은 의무가 된다.

3. **나 없이 못 살게 만들고 싶어.**

   → 사랑이 아닌 지배와 통제의 욕망이다.

4. **완벽한 사람이 어디 없을까?**

   → 현재의 사람을 있는 그대로 보지 못하면 누구도 만족시킬 수 없다.

5. **사랑은 그냥 운명처럼 와야 해.**

   → 노력 없이 다가오는 사랑은 대부분 금방 식는다.

6. **넌 왜 예전 같지 않아?**

    → 사랑은 고정된 감정이 아니라 함께 성장해 가는 과정이다.

7. **연애할 땐 원래 밀고 당기기가 있어야 재밌지.**

    → 진심을 숨기고 게임처럼 대할 때, 신뢰는 무너진다.

8. **쟤는 저렇게 해주던데, 넌 왜 안 해줘?**

    → 비교는 사랑을 시들게 만드는 독이다.

9. **사랑하면 다 이해해줘야 하는 거 아니야?**

    → 무조건적 이해를 강요하는 것은 사랑이 아니라 회피다.

10. **나는 상처받기 싫어. 먼저 다가와 줘.**

    → 일방적인 기대는 관계를 한쪽으로 기울게 만든다.

Chapter. 06

사랑을 왜 배워야 하는가

Erich Fromm

001

합일과
분리

 사람은 왜 그렇게 외로움을 탈까? 사랑을 해도 상처받고, 오해받고, 때론 버려지는 아픔까지 겪으면서도, 왜 다시 사랑을 꿈꾸는 걸까? 에리히 프롬은 그 이유를 인간 존재의 본질에서 찾았다. 그는 말했다. "인간의 가장 깊은 욕망은 분리의 감정을 극복하고, 사랑을 통해 다시 하나가 되는 것이다." 즉, 사랑은 다시 하나가 되기 위해 회복하려는 본능적인 갈망의 표현이라는 것이다. 프롬은 이를 '합일'과 '분리'라는 개념으로 설명한다. 인류의 기원으로 보자면, 자연과 우리는 뗄 수 없는 존재였다. 개인의 차원에서는 어머니의 품, 그 태내의 세계에서 우리는 완전한 합일을 경험하며 출발한다. 그러나 세상에 태어나면서부터 우리는 독립이라는 이름의 '분리'를 겪게 된다. 공간적인 분리뿐 아니라, 정서적인 분리도 포함된다. 외로움, 불안, 허전함. 이런 감정들은 바로 이 분리에서 비롯된다. 그래서 사람은 누구나 다시 '합일'을 향한 갈망을 품게 되고 그 갈망이 사랑이라는 방식으로 나타나는 것이다. 이런 관점에서 보면, 사랑에 대한 갈망은 인간에게 어쩔 수 없이 일어나는 하나의 본능인 것이다. 우리가 사랑 없이는 살 수 없는 것, 사랑을 잃으면 절망하는 것, 그리고 상처받은 후에도 다시 사랑을 찾는 것은 모두 이 근본적인 갈망 때문이다. 프롬은 이를 '분리 불안'이라고 불렀다. 혼자 있을 때 느끼는 막연한 불안, 아무도 나를 이해해 주지 않는다는 절망감, 세상에 홀로 남겨진 듯한 외로움은 모두 이 분리 불안의 표현이다. 이 불안을 극복하는 가장 자연스럽고 건강한 방법이 바로 사랑이다. 사랑을 통해 우리는 다른 존재와 깊이 연결될 수 있고, 그 연결감 속에서 분리의 고통을 치유할 수 있다.

인간의 가장 깊은 욕망은 분리의 감정을 극복하고, 사랑을 통해 다시 하나가 되는 것이다.

002

자유와 고립

합일과 분리에 의한 외로움도 생기지만, 그와 비슷한 원리로 자유에 의한 외로움도 생긴다. 현대 사회에서 개인의 자유는 너무 커졌다. 우리는 직업을 선택하고, 거주지를 정하며, 삶의 방식을 결정할 수 있게 되었다. 하지만 이러한 자유는 개인을 공동체로부터 분리하게 된다. 과거 전통사회에서는 개인의 정체성이 가족, 종교, 계급이라는 견고한 틀 안에서 자연스럽게 형성되었다. 개인은 자신의 역할과 의미를 의심할 필요가 없었고, 공동체 내에서 자기가 맡은 역할에 최선을 다했다. 그러나 오늘날 자유가 공동체보다 더 중요하게 되었고, 소속감은 사라지게 되었다. 그 결과 개인은 스스로 선택해야 하는 상황에 놓였고, 그 결과에 대한 책임을 온전히 스스로가 짊어져야 한다는 점에서 사람들에게 불안감을 안겨주게 되었다. 프롬은 자유를 이렇게 말했다. "자유는 인간을 고립시키고, 고립은 불안을 낳는다." 그의 말처럼 자유롭게 개인이 된 사람은 고립감을 느끼게 되고, 고립감은 되려 불안을 만들게 된다는 것이다. 결국, 우리는 자유로울수록 그 외로움을 채워줄 누군가를 끊임없이 찾게 된다. 프롬은 이러한 불안함을 "고립과 분리 상태를 극복하고자 하는 인간의 가장 깊은 열망에 대한 해답이다"라고 말했다. 우리가 사랑을 갈망하는 이유는 누군가와 하나가 되고 싶고, 이해받고 싶고, 내가 세상과 분리되어 있지 않다고 느끼고 싶어 하는 욕구라는 것이다. 그리고 그 욕구를 해결하기 위해 조금은 더 자유롭고 낭만적인 사랑을 선택하게 되는 것이다. 결국, 자유로운 개인으로 살아가려는 우리에게, 이 선택은 생존을 위한 본능이기도 하다.

자유는 인간을 고립시키고,
고립은 불안을 낳는다.

003

외로움과
도피

　사람은 생존에 대한 본능 때문에 사랑을 갈망하지만, 오직 그 욕구만으로 사랑을 하게 되면 그 사랑은 실패하게 되며, 절대 그 사랑을 통해 외로움을 극복하지 못한다. 프롬은 이렇게 말했다. "외로움에서 도피하기 위한 결합은 사랑이 아니다. 그것은 평온하고 싶어지는 습관에 따라 이루어진 것이며, 바로 그 이유로 불안정해진다." 심심하거나, 아무에게도 연락이 오지 않을 때, 그 무게감을 버티지 못하는 사람들은, 설령 상대가 안정적이고 나를 다듬어주는 좋은 사람이라 해도 불안정한 사랑을 하게 될 수밖에 없다. 왜냐하면 그 사랑은 하나의 수단으로 타인을 사용하는 것이기 때문이다. 그런데 오늘날 우리 사회는 외로움을 어떻게든 빠르게 해결해야 할 '문제'로 만든다. 각종 소셜미디어에서는 연애와 사랑에 관한 프로그램으로 한시라도 빨리 외로움에서 벗어나야 행복한 것처럼 보여주기도 한다. 하지만 사랑은 외로움을 마주할 수 있는 용기를 가진 사람에게 더 다가가며, 외로움을 견디는 능력은 타인의 시선이나 인정 없이도 괜찮은 나를 만드는 과정이다. 그렇다고 해서 타인에게 관심을 두지 않거나 애써 무심한 척한다고 외로움이 사라지는 것은 아니다. 혼자 있는 걸 좋아하는 사람도 외로움을 느끼고, 여러 사람과 같이 있어도 외로움을 느끼게 된다. 즉, 외로움을 느끼지 않는 사람이 있는 게 아니라, 외로움을 견디기로 한 사람이 조금 덜 의연하게 외로울 뿐인 것이다. 그렇게 외로움을 견딜 줄 아는 사람은 혼자 있을 때는 덜 외로워하고, 둘이 있을 때는 더 잘 놀 줄 아는 사람이 되는 것이다. 외롭다고 굳이 급하게 채울 필요는 없다. 공부도 "잘해야지","다 외워야지" 할 때 실력이 느는 게 아니라, "일단 이해만 하자","이것만 기억하자" 하면서 조금씩 지식을 쌓아야 실력이 늘게 된다. 이처럼 뭐든 처음부터 잘하려고 하면 오히려 무엇을 해야 할지, 어떻게 시작해야 할지 막막해지기 쉽다. 외로움 또한 마찬가지다. 그 감정을 서둘러 없애려 하기보다, 그 안에서 내가 더 단단해지고 성장할 수 있도록 스스로를 다듬어가는 시간이 되어야 한다. 이런 말이 있다. "저녁에는 의자를 사지 말고, 배고플 때는 장을 보지 마라." 다리가 아플 때 의자를 사면 다 편하게 느껴지고, 배고플 때 장을 보면 뭐든 다 맛있어 보여, 필요 없는 소비를 하게 된다는 것이다. 이처럼 외로움과 도피에 의한 사랑은 판단이 흐려져 불안정한 선택을 할 수밖에 없는 것이다. 외로울 때일수록 중요한 건, 나를 위한 시간을 갖는 것이다. 결국 자신이 즐겁고, 행복한 것을 해야 한다. 독서를 좋아하면 책을 읽고, 춤추는 걸 좋아하면 자유롭게 춤을 추라는 것이다. 그것에서 얻는 재미, 행복, 성취감 등으로 외로움을 압도하게 되어 덜 외로워지게 되고, 정상적인 판단을 할 수 있게 된다. 외로움은 인간의 조건일 뿐이다. 그 누구도 나의 빈자리를 대신할 수 없다. 진짜 중요한 건 중요하지 않은 것에 내 마음이 휘둘리지 않도록 하는 것이다.

외로움에서 도피하기 위한 결합은 사랑이 아니다. 그것은 평온하고 싶어지는 습관에 따라 이루어진 것이며, 바로 그 이유로 종종 불안정해진다.

004

인간관계

 사람은 나이가 들수록 점점 인간관계가 좁아진다. 이 좁아지는 인간관계로 인해 외로움을 느끼게 되는데, 이것에 너무 고통스러워할 필요는 없다. 사람은 나이가 들수록 좋아하는 것보다 싫어지는 것이 많아지며, 그것은 자신만의 기준과 가치관으로 자리 잡게 된다. 야속하게도 이 가치관은 고집스러워지고 꺾이지 않는다. 그렇기에 오래된 친구라도 가치관이 달라지면 멀어지는 게 당연하다. 어렸을 때라면 이 사람 저 사람 만나며 울고, 행복해하며 여러 경험을 쌓으면 좋겠지만, 나이가 들어서 그렇게 만난다면 기력이 쇠퇴해지고, 몸이 망가진다. 그렇게 되면 본능적으로 넓은 관계보다는 안정적인 관계를 추구하게 된다. 그렇게 자신이 살아오면서 보고 배운 것들이 모여 명예와 돈을 넘어선 확실한 가치관이 자리 잡게 되는 것이다. 이런 가치관에는 여러 사람을 곁에 두려고 하기보다, 나와 함께 늙어갈 잘 맞는 몇 명만 곁에 두어도 충분히 만족을 느끼는 삶을 살 수 있다. 그래서 점점 좁아지는 인간관계에 불안해할 필요는 없다. 결국, 나에게 꼭 필요한 사람들만 곁에 남게 되는 것이다. 이때는 가지려 하지 말고 놓아주는 마음을 가져야 한다. 괜한 두려움에 사랑받으려 하다 보면 자신만의 확고한 가치관에 의해 "이렇게만 해주면 좋겠는데", "이 작은 것도 못 해줘?"같은 생각에 부딪히게 된다. 프롬의 사상에 빗대어 보면 사람은 나이가 들수록 점점 외로워지는 것이 아니라, 사랑할 능력을 잃어갈 때 외로워지는 것이다. 그래서 우리는 나이가 들수록 모두 가져가려 하기보다 당장 내가 즐기고 행복해할 수 있는 것에 더 마음을 두고 좁게 가는 게 낫다. 사랑할 능력을 잃어가지 않도록 사랑할 것들을 자꾸 되뇌는 것이다. 그렇다면 조금은 덜 외롭게 세상을 살아갈 수 있을 것이다.

사람은 나이가 들수록 점점 외로워지는 것이 아니라, 사랑할 능력을 잃어갈 때 외로워지는 것이다.

005

사랑은 감정일까 기술일까

 사랑은 감정일까? 아니면 기술일까? 사랑을 기술이라고 말하면, 왠지 계산적인 느낌이 들 수도 있다. 그러나 에리히 프롬은 "사랑은 감정이 아니라 기술이다."라고 말한다. 그는 우리가, 사랑을 느끼기만 하면 되는 '특별한 감정'이나 자연스러운 '끌림'이라고 생각한다고 말한다. 하지만 감정은 일시적인 반응일 뿐이며, 반복과 수련을 통해 기술을 익혀야 제대로 된 사랑을 할 수 있다. 농구를 잘하고 싶다면 농구공을 던지는 연습을 해야 하고, 그림을 잘 그리고 싶다면 그림을 배우는 과정이 필요하듯이, 사랑도 마찬가지다. 아무리 상대가 매력적이고 나와 잘 맞는다 해도, 사랑을 유지하고 성장시키는 능력은 저절로 생기지 않기 때문에 연습하고 배워야 한다는 것이다. 감정만으로 시작한 사랑으로 쉽게 낭만을 꿈꿀 수는 있지만, 사랑을 배우지 않았다면 결국 오래가지 못하게 되어 있다. 갈등을 조율하는 법, 상대를 이해하는 태도, 관계를 유지하기 위한 노력은 모두 '연습'을 통해 길러지는 능력이다. 그런데 이것들을 "사랑하니까" "연인이니까"라는 말로 이해해 주길 바라고, 또 해결될 거라 생각한다면 늘 똑같은 연애를 마주하게 될 것이다. 오래 보았는데 멀게만 느껴지는 사람이 있고, 어쩌다 한 번씩 보는 데 마음이 편한 사람이 있다. 즉, 관계의 깊이는 기간이 아니라 밀도다. 이처럼 처음의 설렘과 열정만으로는 깊은 유대감을 형성할 수 없다. 상대방과의 갈등을 건설적으로 해결하고, 서로의 차이를 인정하며, 함께 성장해 나가는 방법을 모른다면 관계는 얕은 수준에 머물거나 파국으로 치닫

게 된다. 그러나 사랑의 기술을 익힌 사람은 어려운 순간에도 관계를 포기하지 않고 함께 해결책을 찾아나갈 수 있다. 또한 사랑을 배우는 것은 자기 자신을 더 깊이 이해하는 과정이기도 하다. 개인적 경험으로 보면, 연애를 오래 하는 사람과 하지 못하는 사람들을 봤을 때, 비교적 연애를 오래 하는 사람보다 금방 헤어지는 사람이 더 고집이 세고, 인간관계에서 공감 능력이나, 이해심이 부족한 경우가 많았다. 연애를 하며 자신의 부족한 점을 깨닫게 되고, 맞춰가는 사랑을 해본 사람은 인간관계에서도 배려와 다정함을 보여줄 수 있다. 그래서 사랑의 기술을 통해 자신의 감정을 조절하고 상대방을 배려하며, 건강한 경계를 설정하는 법을 배우면 우리는 더 성숙한 인간으로 성장할 수 있다. 결국 사랑을 배우는 것은 단순히 좋은 연인이 되기 위함만이 아니라, 더 나은 사람이 되기 위한 필수적인 과정인 것이다. 그러나 프롬은 『사랑의 기술』에서 "사랑이란 A=B다." 같은 정해진 공식이나 완벽한 해결책을 제시하지 않았다. 사랑은 각자가 스스로의 삶 속에서 체험하고 익혀가야 하는 과정이기 때문에, 어쩌면 그는 일부러 열린 결말처럼 그 질문을 남겨두었는지도 모른다. 하지만 그가 끊임없이 이야기해 온 '소유와 존재', '외로움과 사랑', '성숙한 사랑과 미성숙한 사랑'이라는 주제는 우리가 앞으로 어떤 사랑을 지향해야 하는지를 충분히 보여준다. 이제는 그 사유 속에서, 사랑할 때 마주하게 될 수많은 갈등과 고민에 대해 다뤄 보려 한다. 이제는 우리가 어떤 사랑을 해야 하는지, 그리고 어떻게 상대를 바라보아야 할지를 스스로 묻고 깊이 생각해 보아야 할 시간이다. 다음 장에서는 프롬의 철학을 바탕으로, 사랑을 이해하고 실천하는 데 도움이 될 만한 몇 가지 중요한 태도들을 정리해 보았다. 지금 나의 사랑은 어떤 모습인지, 그리고 그 모습은 지금 어떤 사랑에 머물고 있는지를 천천히 되돌아보길 바란다.

사랑은 감정이 아니라, 기술이다.

Q.

지금까지 내가 안정적인 연애를 해왔다는 10가지 체크리스트

다음 항목 중 몇 개나 해당되는지 스스로 체크해 보세요.

○ 감정이 흔들리는 순간에도 말보단 '태도'로 마음을 전하려 했다.

○ 다툰 뒤에도 먼저 이해하려는 말을 꺼내본 적이 있다.

○ 상대를 바꾸려 하기보다, 내가 바뀌는 쪽을 먼저 고민했다.

○ 외로워서가 아니라 함께하고 싶어서 관계를 유지했다.

○ 연락이 줄거나 표현이 줄어들어도 쉽게 불안해하지 않았다.

○ 상대의 약점을 숨기기보다 받아들이려고 노력했다.

○ 연애가 내 자존감의 전부가 되지 않도록 조절했다.

○ 혼자 있는 시간도 충분히 소중하다고 느꼈다.

○ 사랑이 '받는 것'보다 '주는 일'에 더 가깝다고 느낀다.

○ 혼자 서운할 땐, 먼저 감정을 정리한 뒤에 말하려고 노력했다.

7개 이상 체크:

당신은 연애를 통해 상대뿐 아니라
자신을 이해하는 힘도 함께 길러온 사람입니다.
관계를 성숙하게 이끌어갈 수 있는 기반이 이미 잘 잡혀 있어요.

4~6개 체크:

연애 안에서 성숙함과 불안함이 교차하는 시기일 수 있습니다.
서툰 표현보다, 사랑의 방향을 점검하는 태도가 더 중요해요.

3개 이하 체크:

지금까지의 연애가 감정 중심에 머물러 있었을 가능성이 높습니다.
지금부터라도 사랑을 기술로, 삶의 태도로 천천히 다시 배워갈 수 있어요.

Chapter. 07

사랑하는 법

Erich Fromm

001

사랑은
티를 내야 한다

 사랑은 숨길 수 없는 것이다. 새싹이 흙을 뚫고 나오듯, 진정한 사랑은 어떤 방식으로든 티가 나기 마련이다. "나는 표현을 잘 못해"라고 말하는 사람들을 보면, 때로는 안타깝고 의문이 든다. 사랑은 본래 넘치는 감정이다. 컵에 물을 계속 부으면 흘러넘치듯, 좋아하는 사람을 보면 볼수록 사랑도 어느 순간 밖으로 새어 나올 수밖에 없다. 다정한 눈빛, 달달한 목소리, 작게 올라가는 입꼬리, 통통 튀는 걸음걸이 같은 것들로 다 티가 난다. 물론, 표현이 서툰 사람도 분명 있다. 하지만 서툴다는 것과 표현하지 않는다는 것은 전혀 다른 이야기이며, 서툰 사람도 어떻게든 표현하려고 노력한다. 어색한 말투로, 어색한 제스처로, 때로는 어색한 선물로. 그 어색함 속에서도 사랑이 느껴지는 것이다. 그런데도 서툴고 오글거린다는 이유로 그 사랑이 티가 나지 않는다면 그만큼 사랑이 크지 않아서일지도 모른다. 진정으로 사랑받아 본 사람은 안다. 상대방이 정말 나를 사랑한다면, 그 사랑이 어떤 식으로든 전해진다는 것을. 굳이 거창한 말이 아니어도, 사랑을 읽을 수 있다. 사람의 입은 표현하라고 있는 것이고, 귀는 들으라고 있는 것이고, 눈은 보라고 있는 것이다. 그런데 표현하지 못하고, 듣지 못하고, 보지 못한다는 것은 사랑이라고 할 수 없다. 사랑한다면 마음껏 티를 내자. 보이는 것은 쓰면 쓸수록 소비되지만, 보이지 않는 것은 써도 써도 사라지지 않는다. 사랑은 마음에서 나오는 것이기 때문에 보이지 않는 것이며 표현하지 않으면 알 수 없다. 그러니, 사라지지 않는 사랑을 아낌없이 마음껏 표현하길 바란다. 사랑은 숨기는 것이 아니라 주는 것이니까.

짝사랑할 때 티가 나는 행동

1. 자꾸 쳐다본다.
2. 그래서 자꾸 눈이 마주친다.
3. 자기도 모르게 피식 웃는다.
4. 기분이 안 좋다가도 그 사람하고 말하면 기분이 좋아진다.
5. 별로 웃기지 않는 것도 재밌어한다.
6. 계속 옆에 있고 싶어 한다.

002

져주는 사랑

 살면서 많은 사람을 만난다. 똑똑하고 능력 있는 사람, 외모가 뛰어난 사람, 돈이 많은 사람 등. 다 매력적인 능력이다. 그러나 아무리 매력적인 사람이라도 함께 살아가야 할 사람을 골라야 한다면 꼭 봐야 하는 한 가지가 있다. 그건 바로 '나에게 져줄 줄 아는 사람인가'이다. 이기적인 마음으로 상대방이 나에게 져줘야 한다고 말하는 게 아니라, 내 사람에게만큼은 져주는 게 이기는 것이라 생각하는 마음을 가진 사람을 만나라는 것이다. 자신의 자존심을 내려놓고, 옳고 그름을 따지기보다는 상대방의 마음을 먼저 살피는 것. 이길 수 있는 싸움에서도 한 발짝 물러서서 상대방의 체면을 세워주는 것. 문제가 생겼을 때 비록 내 말이 틀렸어도 이해해 주는 것. 다툼 속에서도 계속 고집을 부리기보다는 먼저 손을 내미는 것. 이런 것들은, 나를 내려놓아야 할 수 있는 행동들이다. 자신을 내려놓는다는 건, 그만큼 상대방을 아끼고 사랑한다는 것이다. 아무리 능력이 뛰어나고, 외모가 출중해도, 항상 자신이 옳다고 주장하는 사람과는 오래가기 어렵다. 매번 논리로 상대방을 굴복시키려 하고, 자신의 우월함을 증명하려 드는 사람과 함께 하면 위축되고, 나의 삶이 좁아진다. 그래서 나에게 져줄 줄 아는 사람을 만나야 한다. 져주는 것이 바보 같아 보일 수도 있지만, 사실은 정말 똑똑한 행동이다. 상대방을 이기는 것이 중요한 게 아니라 함께 행복해지는 것이 중요하다는 것을 아는 사람이기 때문이다. 사랑이 뭐냐는 질문에 박준 시인은 이렇게 답했다고 한다. "세상에 나 말고 나만큼 귀한 사람이 있다는 것을 배우는 과정." 상대가 조금은 밉더라도, 부족한 거 같더라도, 자신만큼 소중하게 대하는 사람은 알면서도 상대에게 져주게 된다. 그런 사람은 내가 가장 힘들 때 언제나 바보 같은 미소로 혹은 든든한 동반자로 내 곁에 있어 줄 사람이다. 그런 사람과 함께한다면 그 관계는 따뜻해질 수밖에 없다. 그리고 나 역시 그런 사람이 되려 노력하자. 사랑은 결국 서로에게 져주는 아름다운 선의의 경쟁이다.

사랑은, 세상에 나 말고 나만큼 귀한 사람이 있다는 것을 배우는 과정이다.

값으로 하는 사랑

 선물이 비싸지 않다고 해서 사랑하지 않는 건 아니다. 사랑에 티는 나야 한다지만, 잘 보이기 위해 비싼 반지를 선물하거나 좋은 곳에 여행을 다녀야만 사랑이 아니라는 것이다. 누군가를 사랑하기에, 더 좋은 내가 되기 위해 노력하는 것도 사랑이고, 상대가 아프다는 말에 걱정하는 것도 사랑이고, 상대가 잘 됐으면 하는 마음으로 기도하는 것도 사랑이다. 사랑은 그렇게 서로의 하루를 궁금해하고, 작고 사소한 기쁨과 아픔도 함께 나누고 싶어지는 것이다. 그런데 종종 사랑의 크기를 돈으로 표현하고 비교하려는 사람이 있다. 이런 말이 있다. 여자들이 꽃 선물을 좋아하는 이유는 그 꽃이 예뻐서만이 아니라, 남자가 그 꽃을 사러 가 문 앞에 쭈뼛쭈뼛 서 있는 그 모습을 상상해서 그렇다고. 결국 꽃이 아니라, 나를 생각하는 마음이 귀여워서라는 것이다. 그래서 굳이 선물이 크고 비쌀 필요는 없다. 물질적인 것보다 진심이 담긴 마음이 훨씬 더 큰 울림을 준다. 예를 들어, 상대가 힘들어하는 모습을 보고 "수고했다"며 힘껏 안아주는 포옹, 시험 기간에 피곤할까 봐 준비해 준 초콜릿, 비 오는 날 챙겨 준 우산처럼 소소한 배려들이야말로 더 마음에 남는다. 이런 것들은 돈으로는 살 수 없는 감정이고, 이 사소한 행동들에 상대를 얼마나 생각하는지가 고스란히 드러나게 된다. 하지만 우리는 보여지는 것에만 집중한 나머지, 사랑의 본질을 놓치곤 한다. 한국인들이 사랑에 빠질 때 가장 많이 하는 말 세 가지가 뭔지 아는가? 그건 바로 "바보 같아","참 희한해","하여튼 웃겨"다. 바보 같고, 희한한데, 웃긴다는 것이다. 이처럼 사랑은 바보 같고 희한해도 좋아하는 것이다. 사랑을 돈에 비례해서 보지 않길 바란다. 물론 비싼 선물은 언제나 좋고 고맙다. 하지만 그것을 주지 않는다고, 혹은 내가 못 줘서 그 사람이 싫어할까 봐 걱정하지 말라는 것이다. 사랑은 서로의 있는 그대로를 받아들이고 함께 성장해 나가야 하는 것이다. 오래 가는 사랑은 진심 어린 대화와 이해, 그리고 함께 보내는 소중한 시간 속에서 자라난다. 그러니, 내가 물질적인 부분에 유독 예민하다면 자신의 사랑에 대해 다시 생각해 봐야 하고, 상대방이 그런 것을 자꾸 원하거나 요구한다면 당신을 이용하려는 사람일 것이니 과감하게 내쳐야 한다.

한국인들이 사랑을 시작하는 방법
 1. 바보 같아.
 2. 참 희한해.
 3. 하여튼 웃겨.

솔직해야 할까
숨겨야 할까

 연애를 할 때, 애인에게 솔직해야 할까? 아니면 때로는 선의의 거짓말이 필요할까? 물론 모든 걸 낱낱이 털어놓을 필요는 없지만, 감정을 숨기고 빙빙 돌려 말하는 태도는 오히려 관계를 어렵게 만든다. "왜 기분이 안 좋은지 맞춰봐"라며 퀴즈처럼 감정을 내보이기보다, 서운하면 서운하다고, 슬프면 슬프다고 솔직하게 말하는 것이 훨씬 관계에 좋다. 잘못한 일이 있다면 인정하고, 진심으로 사과하는 태도가 관계를 단단하게 만들기 때문이다. 연인 사이 대부분의 오해는 마음을 숨기는 데서 시작된다. 감정을 감추다 보면 자존심이 앞서고, 결국 잘못을 인정하지 못하는 사람이 되어버린다. 그렇게 억울한 상황이 더 커지고, 결국 마음의 거리도 멀어지게 되는 것이다. 그래서 중요한 건 상처를 받았을 때 "괜찮아"라고 쿨한 척 넘기는 게 아니라, 상처받았다고 말하는 용기가 필요하다. 하지만 여기서 중요한 건 '솔직함'과 '무례함'을 구분하는 일이다. 예를 들어, 연락이 잘 되지 않는 애인에게, 솔직한 사람은 이렇게 말한다. "하루 종일 연락이 없으니 나 좀 불안했어. 우리 하루에 한 번은 꼭 연락하는 게 어때?" 이처럼 자신의 감정을 공유하고, 관계를 조율하려는 태도를 보인다는 것이다. 반면, 무례한 사람은 이렇게 말한다. "도대체 왜 그렇게 연락을 안 해? 연애할 마음은 있는 거야?" 이건 감정 표현이 아니라, 일방적인 비난이고 상대의 입장을 고려하지 않은 판단이다. 즉 솔직함이란, 내 마음을 표현하면서도 상대의 감정을 존중하는 방식으로 드러나야 한다. 사랑을 지키기 위해 진실을 말하되, 서로에게 상처가 되는 말은 삼가야 한다는 것이다. 만약 당신의 애인이 "솔직히 말해서"라며 매번 당신을 아프게 만든다면, 그 사람은 '솔직한 사람'이 아니라 '무례한 사람'일지도 모른다. 그럴 땐 그 관계를 다시 생각해 보는 것도 필요하다. 진짜 솔직함은 마음을 전달하는 방식에도 책임을 지는 태도다. 말은 솔직했지만 상대를 배려하지 않았다면, 그것은 그저 감정의 투사일 뿐이다. 서로를 아끼고 싶다면, 말에도 다정함을 품길 바란다.

무례한 사람들이 자주 쓰는 말

1. 너를 위해서 하는 말인데..
2. 솔직히 말해서..
3. 그렇게 안 봤는데 실망이네.
4. 나라면 안 그랬을 텐데..

005

정이 많은
연애

  유독 사람을 믿고, 조금만 친해지면 쉽게 정을 주는 사람이 있다. 이들은, 사랑에 한 번 빠지면 자신이 해줄 수 있는 건 다 해주려 하고, 상대에게 정말 잘한다. 그러나 이런 사람들은, 겉으로 보기엔 밝고 단단해 보여도, 마음 한구석엔 외로움이 깊게 자리하고 있는 경향이 있다. 그래서 작은 관심 하나에도 "이 사람은 나를 진심으로 아껴주는구나!"라고 생각하며 마음의 문을 활짝 열어버리고, 사랑을 시작함에 주저함이 없다. 아끼지 않고, 계산하지 않고, 상대가 필요로 하기 전에 먼저 챙기고 배려하는 것이다. 하지만 이들은, 이별을 하게 되면 마음을 줬던 만큼 상처도 깊게 받게 된다. 마음을 다 줬기에, 돌아오는 상실감도 크고 오래간다. 또한 상대방의 잘못으로 헤어졌더라도 정을 놓지 못해 매달려도 보고, 한 번이라도 보고 싶어 자존심을 꺾고 연락도 해본다. 그러나 이미 떠나간 이의 마음은 붙잡기가 쉽지 않고, 상대방은 집착처럼 느껴 그 마음을 더 멀리하게 된다. 이렇게 아픔을 여러 번 겪다 보면 이들은 자신을 자책하게 된다. "내가 너무 쉽게 마음을 내어 줬나?" "제대로 보지 않고 마음을 준 내가 잘못이지"라면서 말이다. 하지만 시간이 지나면 "나처럼 베풀어 주는 사람을 만나야 하는구나.", "그런 사람이 나를 더 행복하게 해주겠구나."라며 깨닫는 날이 오게 될 것이다. 그래서 자신이 정이 많은 사람이라면 누군가와 헤어졌을 때, "혹시 연락할 용기가 없어서 연락을 못 한다거나, 미안해서 연락을 못 한다거나, 기다리면 돌아오지 않을까?"라는 생각은 하지 않기를 바란다. 정말 보고 싶고, 미안했다면 이미 연락이 왔을 것이다. 이별 후 더 이상 연락이 없다면 나에게 마음이 없다는 것이고, 혹여 연락이 왔어도 그건 당신이 필요해서일 것이다. 다시는 이렇게 좋은 사람을 못 만날 거 같다고 생각할 수도 있지만, 사실은 그 사람이 좋은 사람이 아니라 내가 정이 많은 탓에 그 사람이 좋아보였던 것이다. 세상에 더 좋은 사람은 널리고 널렸다. 상처를 덜 받는 연애를 하고 싶다면, 상대의 진짜 마음을 알아내기 전까지 나의 모든 걸 보여주지 말아야 하고, 적어도 그 사람이 어떨 때 화내는지, 어떨 때 기뻐하는지 정도는 알고 만나야 한다. 그저 단순한 매력에 이끌려 "만나면서 알아가면 되지"라는 생각에 마음을 내어준다면 자신이 줬던 정의 크기에 비해, 몇 배는 더 아프고 마음이 저려올 것이다. 반대로 만약 정이 많은 사람을 만나고 있다면, 그 사람은 정을 줬던 만큼 한 번 마음이 돌아서면 눈길 한 번 주지 않을 사람이기 때문에, 나중에 놓치고 후회하지 않도록 최선을 다해서 잘해주길 바란다. 눈치가 없고 몰라서가 아니라, 당신을 사랑해서 이해해 주고, 모른 척 넘어가 주는 것일 테니 말이다.

정이 많은 사람의 특징

1. 거절을 잘 못한다.
2. 오해를 받아도 그냥 넘긴다.
3. 눈치가 빠르다.
4. 한 번 맺은 인연은 소중히 여긴다.

006

눈치 보는
연애

　연애를 시작하면 누구나 어느 정도는 조심스럽다. 상대의 기분을 살피고, 혹시 내가 뭔가 실수한 건 아닌지 스스로 돌아보기도 한다. 하지만 그게 습관처럼 반복되고, 특별한 이유 없이도 늘 눈치를 보게 된다면, 그건 단순한 배려를 넘어선 문제일 수 있다. 유독 연애에서 이런 과한 배려를 보이는 사람은 평소에도 타인의 감정을 먼저 살피고, 자신보다 남을 우선하는 성향을 지녔다. 그래서 연인에게도 늘 잘해주고 싶고, 실망 시키고 싶지 않아 무의식중에 더 조심하게 되는 것이다. 하지만 상대에게 맞춰주기 위해 모든 결정권을 넘기고, 일방적으로 잘해주기만 하면, 애인 쪽에서는 매번 선택해야 하는 부담감을 느끼게 된다. 그 부담은 결국 짜증이나 화로 드러나고, 그러는 자신이 나쁜 사람처럼 느껴져 관계에 죄책감을 느끼게 된다. 이처럼 상대에게만 맞추는 연애는 겉보기엔 배려와 존중처럼 보일 수 있지만, 실제로는 한 사람의 일방적인 희생과 억눌림이 숨어 있다. 그래서 결국 둘 다 지치고, 마음도 멀어지게 된다. 눈치 보는 관계에서 벗어나기 위해서는, 연애 중 사소한 다툼이나 감정의 충돌은 당연하다는 사실을 인지하고, 너무 그 사람에게 다 맞춰주려고 할 필요가 없다. 오히려 "난 이게 좋은데 넌 어때?" 이런 식으로 서로의 좋아하는 것과 싫어하는 것을 알아가는 것이 서로에게 좋으며, 혹은 그런 갈등을 통해 상대를 더 깊이 이해하고 가까워질 수 있다. 이처럼 다툼을 피하는 것보다, 솔직하게 감정을 표현하고 서로의 차이를 받아들이는 것이 건강한 연애의 핵심이다. 그런데 한쪽이 자꾸 눈치 보고 움츠러든다면, 결국 무게의 균형이 무너져 오래 버티기 어렵다. 연애뿐만 아니라, 모든 관계에서 갑과 을이 생기는 순간, 더 멀어지고 만다. 그러니 눈치를 보며 맞추는 연애는 나를 위한 것도, 상대를 위한 것도 아니라는 점을 알고, 나답게 행동하면서도 존중받는 사람이 되려 하자. 그게 더 깊고 오래가는 연애의 모습이며, 프롬이 말한 성숙한 사랑의 본질이기도 하다.

자기가 좋아하는 걸 하지 않으면,
자꾸 이상한 걸 하게 된다.

007

여자와
남자의 진심

 여자는 남자가 가진 것이 없어졌을 때 진심이 드러나고, 남자는 여자의 모든 것을 가졌을 때 진심이 드러난다는 말이 있다. 여자가 남자의 능력을 보았다면, 그것이 없어졌을 때 자존감 긁는 말들을 내뱉을 것이고, 남자가 외적인 것을 보았다면 익숙해졌을 때, 모든 것을 귀찮아 할 것이다. 반대로 여자가 진심으로 남자를 사랑한다면 가진 것이 없어져도 함께 그 부족함을 채우려 들 것이고, 남자가 진심으로 여자를 사랑한다면 더

욱더 배려하고 딸처럼 아껴주려 할 것이다. 이처럼 사랑은 무엇을 보고 시작했느냐에 따라 그 끝도 달라질 수 있다. 외적인 조건이 끌려 시작된 사랑은 그 조건이 사라졌을 때 진짜 마음이 드러나고, 사람 자체에 끌려서 하게 된 사랑은 그 조건이 없어도 함께 헤쳐 나가려 할 것이다. 그러니 사랑을 시작할 때, 그 사람이 가진 것이 아니라 그 사람이 어떤 사람인지를 먼저 보길 바란다. 내가 이 사람을 조건 때문에 좋아하는 건지, 사람 자체로 좋아하는 건지 헷갈린다면, 내가 그 사람에게 가장 끌리는 매력적인 요소가 없어졌을 때, 내 마음이 떠날 것인가 아닌가를 생각해 보면 쉽게 알 수 있다. 만약 그 요소가 없어졌을 때 그 사람에 대한 마음이 안 생길 거 같으면 그건 조건에 의한 사랑이고, 그 요소가 없어져도 상관이 없고, 또 그게 없어져서 같이 슬플 거 같거나, 안타깝다는 생각이 들면 조건에 의한 사랑이 아닐 것이다. 사랑은, 깊어질수록 책임지고 싶은 마음이 드는 감정이다. 가질 수 있어서가 아니라 지켜주고 싶어서, 그리고 주고 싶어서 함께하는 관계가 되어야 한다는 것이다. 그래서 사랑의 진가는 잃었을 때가 아니라, 잃은 뒤에도 여전히 손을 놓지 않는 그 순간에 증명되는 것이다. 나중에 후회하지 않으려면 조건만 보지 말고, 또 조건만 보는 사람에게 마음을 내어주지 않도록 조심해야 한다.

여자는 남자가 가진 것이 없어졌을 때 진심이 드러나고, 남자는 여자의 모든 것을 가졌을 때 진심이 드러난다.

… 008

만나지 말아야 할 사람

　사람은 대체로 다 비슷하기 때문에 진지한 만남을 생각한다면 나에게 얼마나 잘해주냐보다, 내가 싫어하는 것을 얼마나 하지 않는 사람인가를 보아야 한다. 내가 싫어하는 일이란, 자꾸만 사랑을 갈구하는 거 같은 기분이 들게 하는 것, 나만 노력하는 거 같은 느낌을 주는 것, 옛날에는 어느 정도 져줬는데 지금은 한 번도 지지 않으려 하는 것, 일상 속에서 나보다 먼저인 게 점점 많아지는 것, 그래서 내가 기다리는 일이 많아지는 것, 내가 아무리 말해도 이제는 바뀌지 않을 거 같다는 생각이 들게 하는 것. 이것들을 알고 그 선을 지켜주는 사람은 "내가 그렇게 별로인가"라는 생각이 들기 전에 "내가 생각보다 괜찮은 사람이구나"라는 생각이 들게 하는 사람이다. 그런 사람을 만났을 때 우리는 비로소 사랑이 덜 힘들 수 있다는 걸 알게 된다. 내가 불편해할 만한 상황을 먼저 눈치채고 피하려는 사람, 말하지 않아도 무게를 나눠 가지려는 사람. 이런 사람은 나를 감정의 중심에 놓고 생각할 줄 아는 사람이다. 연애는 누가 더 많이 주는지, 누가 더 사랑하는지의 싸움이 아니다. 오히려 서로 부담이 되지 않도록 적당히 물러서고, 적당히 다가서는 기술로 생각해야 한다. 아무리 사랑한다 해도 상대의 작은 말투, 행동 하나에도 쉽게 상처받을 수 있다. 그래서 사랑은 잘해주는 것도 중요하지만, 반복해서 나를 서운하게 만들지 않는 사람이 더 오래 함께할 수 있다. 진심으로 나를 아끼는 사람이라면, 그 사람의 감정을 헤아리려고 노력하기 때문에 "나는 원래 이런 사람이야"라며 자신의 고집을 내세우기보다,

"네가 그런 기분이라면 내가 좀 더 조심할게."라고 말할 수 있는 사람이다. 그러니 사랑을 판단할 때는 내가 얼마나 사랑받는 느낌이 드는가보다, 내가 얼마나 지치지 않고 편안한 연애를 하는지를 먼저 보길 바란다. 나를 지치게 하는 관계는 언젠간 내 마음을 닳게 하며, 결국 그 사람을 좋아했던 이유조차 희미해지게 만들 것이다.

"내가 그렇게 별로인가?"라는 생각이 들기 전에
"내가 생각보다 괜찮은 사람이구나."라는
생각이 들게 하는 사람을 만나라.

009

맞지 않는 사랑

　연애를 하다 보면, 서로를 끔찍하게 아낌에도 진심으로 싸우게 되는 시기가 오게 된다. 사소한 것들이 자꾸 눈에 밟히게 되고, 싸우지 않아도 될 것을 굳이 걸고 넘어져 싸움을 하기도 한다. 그래서 많은 사람이 이 시기에 "우리가 이렇게 안 맞았었나?" "헤어질까?"라는 생각을 하게 되는데 이때는 끝을 생각해야 될 게 아니라, 서로를 너무 아꼈기에 그동안 보이지 않았던 것들이 보이게 되는 것이라 생각해야 한다. 이전에는 예쁘

게 옷을 입거나, 청결을 유지하거나, 쓰레기를 잘 버리거나, 밥 먹을 때 조신하게 먹는 등 서로에게 조심했을 것이다. 하지만 조금씩 가까워지면서 자신의 본모습을 편하게 보여주다 보니, 이전과 다른 모습들도 더 자세히 보이게 된다. 그리고 아무리 죽이 잘 맞는 연인이라 해도 살아온 방식이 다르기에 꼭 겪게 되는 시기이기도 하다. 당장은 회피하고 싶고, 또 미워서 말조차 섞기 싫을 수도 있다. 하지만 이 순간만 잘 넘기면 그때부터는 진짜 사랑이 온다. 과학자들이 말하길 지구와 태양은 10%만 가까웠어도 모든 게 불타버렸을 거고, 10%만 더 멀었어도 모든 게 얼어 버렸을 거라 한다. 그래서 지구는, 태양이 적정 거리에 있기에 사람이 살 수 있는 현재의 모습이 되었다고 한다. 연인 관계도 이와 같다. 보이지 않던 것들이 보이기 시작한다는 건 지구와 태양처럼 너무 가까워져 있는 시기이다. 서로에게 진심인 나머지, 너무 가까워 뜨겁게 싸우게 되는 것이다. 그러다 조금 마음이 멀어지게 되면 "이제는 날 더 이상 사랑하지 않나?", "권태기인가?"라는 생각에 둘의 관계가 서서히 차가워져 이별하게 되는 것이다. 그래서 사랑하는 사이라면, 너무 뜨겁고 너무 차갑다고 끝을 생각해야 할 게 아니라, "우리가 많이 가까워졌구나" 혹은 "우리가 너무 멀어졌구나"라고 생각하며 서로에게 맞는 적정한 거리를 찾아야 한다. 그렇게 너무 가까워서 상처를 주지 않도록, 너무 멀어져서 소홀해지지 않도록, 적당한 온도와 거리를 잘 조율해 맞춰가면, 더 깊은 이해와 사랑의 꽃이 피게 될 것이다. 그러니, 지금 이 시기는 끝이 아니라, 진짜 사랑을 만들어가는 과정이라 생각하자.

연인이 미워 보이는 순간 BEST 4

1. 내 마음을 몰라줄 때
2. 내가 우선순위에서 밀릴 때
3. 사소한 걸로 무시할 때
4. 변한 모습이 보일 때

Q.

사랑에 대한
나만의 문장 완성하기

프롬식 철학을 나만의 방식으로 정리할 수 있게 해주는
참여형 문장 채우기 입니다.
아래 문장을 자유롭게 채워보세요.

"나는 사랑을 _____ (이)라고 믿고 있었다."

"다음 사랑에서는 _____ (을)를 하지 않기로 했다."

"사랑하는 법을 배우며 나는

_____ (이)라는 감정을 새롭게 알게 되었다."

"그 사람을 좋아했던 이유보다,

지금 돌아보니 _____ (이)가 더 중요했다."

정답은 없어요. 하지만 그 안에 당신만의 사랑의 방식이 숨어 있습니다.

Chapter. 08

이별

Erich Fromm

권태기는
왜 오는 것일까

 프롬은 "권태는 자극에 대한 반응이 아니라, 살아 있는 경험의 결핍이다"고 말하며, 우리가 느끼는 지루함이 단순히 외부의 자극 부족에서 오는 것이 아님을 강조한다. 오히려 그는 권태를 내면의 생동감이 멈췄다는 신호, 다시 말해 '살고 있되 살아 있는 느낌이 들지 않는 상태'로 보았다. 눈앞의 풍경이 아무리 아름다워도, 마음이 닫혀 있다면 우리는 그것을 느끼지 못한다. 마찬가지로, 아무리 많은 사람과 시간을 보내고, 화려

한 활동을 해도, 그 안에 내가 없고, 진심이 없다면 결국 텅 빈 기분만 남는다는 것이다. 이러한 권태는 사랑에도 똑같이 적용된다. 연인의 말에 더 이상 귀 기울이지 않게 되고, 함께 있어도 공허함을 느끼며, 서로에 대한 관심보다 습관이 먼저가 되는 순간, 사랑은 점점 식게 된다. 하지만 프롬은, 사랑이란 감정의 높낮이가 아니라 존재의 깊이에서 결정된다고 보았다. 다시 말해, 사랑이 처음에 느껴지는 뜨거움과 격렬함보다, 지금 이 순간에도 서로를 진심으로 느끼고 있는가가 더 중요하다는 것이다. 즉, 사랑의 권태는 감정이 식어서 생기는 게 아니라, 서로가 더 이상 존재로서 마주하지 않기 때문에 찾아온다는 말이다. 그래서 프롬은 상대의 존재를 있는 그대로 느끼고, 나의 감정을 억지로 꾸미지 않고 솔직하게 나누는 과정 속에서, 우리가 다시금 관계에 생기를 불어넣을 수 있다고 했다. 권태는 멀어지기 위한 징조가 아니라, 더 깊이 연결되기 위한 기회일 수 있다. 살아 있는 존재로 서로를 대할 때, 사랑은 다시 움직이기 시작할 것이다.

권태는 자극이 없어서 생기는 반응이 아니라, 의미 있는 활동, 진정한 존재의 부재에서 비롯된 결과다.

002

보장 없는
사랑

　에리히 프롬은 말했다. "사랑한다는 것은 어떤 보장도 없이 자신을 내어주는 것이다." 사랑은, 줬다고 해서 내 것이 되는 게 아니다. 사람들은 익숙함에 속아 평생 그 사람이 나를 사랑해 줄 것이라고 믿는다. 하지만 사랑은 보장 없이 자신을 내어주는 것이기에 나에게 준 것이 아닌, 빌려주었다고 생각해야 한다. 그래서 언제든 떠날 수 있다는 가능성을 받아들이는 것이 성숙한 사랑의 시작점이다. 사랑은 자석 같은 힘이다. 더욱 가까워지기 위해 다가가면 갈수록 튕겨 나가게 되고, 상대방이 원함에 따라 그 사람만의 방식으로 다가오게 놔두면 N극과 S극이 만나듯 잘 붙게 된다. 내가 상대를 어떻게 할 수 있다고 생각하기보다, 나를 선택할 수 있도록 내버려 둬야 한다는 것이다. 그래서 사랑이 지속된다는 건 기적 같은 일이다. 조건 없이 내어주고, 매일 새롭게 선택당해야 하는 일이니 말이다. 만약 받았던 사랑을 다시 돌려주기 싫으면 나 또한 하루하루 사랑을 선택하고, 다정한 말로 아껴주며 상대방으로 하여금 나를 선택하게 만들어야 한다. 이를 간과하고 나중에 사랑을 줬다가 뺏어갔다고 징징대지 말자. 말해도 그때는 이미 늦었다. 그러니, 보장 없는 사랑을 할 줄 아는 사람이 되길 바란다. 그런 사랑은 짧더라도 깊고, 길더라도 가볍지 않다. 마음을 내어주는 순간부터 우리는 언젠가 상처받을 수 있다는 마음도 함께 품어야 한다. 늘 불완전하지만, 그 불완전함 속에서 언젠가 끝날 수도 있음을 알면서도, 끝까지 진심으로 사랑하는 사람은 결국 가장 용기 있는 사람이며, 깊은 사랑을 누릴 줄 아는 사람이다.

**사랑한다는 것은, 어떠한 보장도 없이
자신을 내어주는 것이다.**

갑작스러운 이별

갑작스럽게 찾아오는 이별이란 없다. 안 좋은 일은 언제나 불길한 예감으로 신호를 보낸다. 내가 신경 써야 했음에도 소홀히 했거나, 알면서도 모른 척했던 순간들이 조금씩 쌓여서 그 결과를 만들어낸 것이다. 그렇다고 그 결과가 나 혼자만의 것은 아니다. 서로 다 각자의 방식으로 신호를 보내고 있었고, 각자의 방식으로 외면하고 있었던 것일 뿐이다. 에리히 프롬이 말했듯이, 사랑은 단순한 감정이 아니라 기술이고 예술이다. 그리고 둘 다 그 기술을 제대로 익히지 못했던 것일 뿐이다. 미묘한 거리감, 대화의 온도 변화, 눈빛의 회피 이런 것들은 서로가 서로에게 보내는 신호다. 그런데 우리는 각자 자신만의 해석으로 그 신호들을 읽었고, 불편한 진실과 마주하는 대신 각자의 방식으로 회피한 것이다. 이는 예견된 이별이니 너무 아파하지 말고, 다음 사랑이 온다면 그것을 회피하지 않는 사람이 되도록 노력하자. 그저 마주하기 두렵다는 이유로 회피한다면 다른 사람을 만났을 때 똑같은 이별을 마주하게 될 가능성이 크다. 우리는 자주 상대방의 미묘한 변화나 말투 속에 숨은 의미를 흘려보낸다. 그때 서로 조금만 더 솔직했더라면, 조금만 더 용기를 내어 진심을 털어놓았더라면 결과는 달라졌을지도 모른다. 신호를 외면하지 않고, 사랑을 표현하는 법을 배우자. 사랑은 저절로 되는 것이 아니라, 계속해서 성장하고 배우는 과정 속에 존재하는 것이다.

갑작스럽게 찾아오는 이별이란 없다.

잊어야 할 때

 잊을 땐 잊어야 한다. 아무리 마음이 깊더라도, 끝내 함께하지 못한 인연이라면 그건 그럴만한 이유가 있었던 것이다. 누군가는 사랑의 반대말이 이별이라고 말하지만, 사랑의 반대말은 무관심이다. 관심이 식었기에 사랑이 멀어진 것이고, 함께할 수 없었던 건 이미 그 마음이 오래전에 떠나 있었기 때문이다. 세상에 좋은 이별이란 없다. 그럼에도 우리는 더 나아질 수 있을 거란 기대를 안고 쉽게 놓지 못한다. 지금까지 함께한 모든 순간을 부정하는 것 같아 자꾸만 되돌아보기도 하고, 내가 있어야 할 곳이 아닌 줄 알면서도 혹시나 하는 마음에 그 자리에 머무르며 버틴다. 하지만 '시간을 좀 갖자'의 의미는 이미 정해진 결정에 조금 더 시간을 미루는 일일 뿐이다. 이제는 상대의 무관심 속에서 외롭게 홀로 괴로워하기보단, 내 마음이 머물 수 있는 새로운 곳을 향해 나아가야 한다. 끝난 인연에 마음을 붙잡아 두고 있으면, 물을 주지 않은 꽃이 시들 듯 내 안의 따뜻함마저도 시들고 만다. 이런 나의 따뜻함을 잃지 않기 위해서는 나를 기다려주는 사람, 나에게 따뜻한 관심을 건네는 사람에게 눈을 돌려야 한다. 잊을 땐 과감히 잊는 것도 나를 지키기 위한 사랑의 한 방식이다. 에리히 프롬은 "내가 먼저 성장하지 않으면, 아무리 사랑하려고 해도 결국 실패한다"고 보았다. 그래서 이별의 아픔을 겪게 되면 놓아야 할 사람은 놓아주고 "아, 내가 아직 사랑할 준비가 덜 되어 있었구나"라고 생각해야 한다. 그 순간 새로운 인연이 찾아오게 된다. 상대방을 그리워하고 아파하는 대신, 아플수록 자신을 돌보고 키워나가는 시간으로 삼아보자. 내가 더 성숙해지고, 독립적이고, 나 자신을 사랑할 수 있게 되면, 나중에 만날 사람과는 더 건강하고 진정한 사랑을 할 수 있을 것이다.

잊을 땐 잊어야 한다. 아무리 마음이 깊었더라도,
끝내 함께하지 못한 인연이라면
그건 그럴만한 이유가 있었던 것이다.

005

끝났지만,
사랑이었기에

 서로가 남남이 되었음에도 자꾸 생각나는 사람이 있다. 이별 후에도 뭔가 모르게 문득 떠오르는 사람은, 연애할 때 나에게 너무 잘 해줘서가 아니고, 대화가 너무 잘 맞아서도 아니며, 매일 집 앞까지 데려다줘서도 아닌, 나에게 사랑이 무엇인지 알려준 사람이다. 아무리 쉽게 끝을 낸 사이라 해도, 무엇이든 단호하게 거절하는 사람이라 해도, 그 따뜻했던 순간을 단숨에 잊는 사람은 없을 것이다. 그저, 각자의 길이 달랐기에 이별을 고했을 뿐이다. 끝이 좋지 않았다고 해서 처음부터 그 사람이 나를 좋아하지 않았다고 생각하거나, 자신에게는 똥파리만 꼬인다고 생각하지 말라는 말이다. 프롬은 말했다. "사랑은, 내가 건넨 사랑이 언젠가 그 사람의 마음에도 피어나게 되리라는 희망 속에서 온전히 자신을 맡기는 것이다." 그렇다. 누구나 처음은 자신의 마음이 상대방에게 간절하게 닿기를 바라며 마음을 건네고 또 상대를 믿고 사랑했을 것이다. 하지만 각자의 향이 너무 짙어 결국 맞지 않아 이별하게 된다. 그러니 그 이별을 두고 실패라고 단정 짓지 말자. 사랑은 이루어지지 않아도, 그 자체로 의미가 있는 감정이다. 타인에게 상처받았다고 해서 그 아픔을 계속 끌어안고 마음속에 계속 간직한다면 그건 자신만 아플 뿐이다. 그 시간에 더 좋은 사람을 만나서 행복하게 사는 모습을 보여주는 게 10배는 더 큰 복수가 된다. 잘 맞는 사람을 만나는 것도 중요하지만, 맞지 않음을 받아들이고 인정하는 것도 앞으로 다가올 사랑을 위해 중요하다. 이제는 그 기억 속의 사람을 원망하거나, 그때의 나를 탓하기보다는 "그땐 그랬지"라는 말과 함께 추억으로 남겨두자. 당신의 마음은 무엇보다 소중하니까.

**사랑은, 내가 건넨 사랑이 언젠가 그 사람의 마음에도
피어나게 되리라는 희망 속에서
온전히 자신을 맡기는 것이다.**

Q.

연애 회고 카드

당신의 지난 사랑을 돌아보는 5문장

**지금까지의 연애를 떠올리며
아래 문장을 천천히 채워보세요.**

1. 그 사람을 처음 좋아했을 땐 _____ 때문이었다.

2. 다툴 때마다 나는 주로 _____ 했다.

3. 가장 후회되는 장면은 _____ (이)다.

4. 그래도 고마웠던 건 _____ (이)다.

5. 지금 나에게 필요한 사랑은 _____ (이)다.

이 회고는 '누굴 잘못 만났는지'보다,
'나는 어떤 태도로 상대를 사랑했는지'를 돌아보게 만듭니다.

마무리하며
====

세상에 쉬운 사랑이란 없다.
새롭고 낯선 것에
선뜻 마음을 내어주기란 당연히 두렵다.
그렇기에 우리는 더욱 사랑해야 한다.
그 과정에서 무엇을 좋아하고, 사랑하고, 싫어하고,
어려워하는지 깨우칠 수 있다.
사랑의 크기를 대보지 않는 이상 알 수 없는 법이다.
때문에, 사랑하는 것을 사랑해야 한다.

좋든, 싫든 뻔히 보이는 결과를 믿기보단,
두근대는 마음으로 용기를 내야 한다.
다 성공할 필요는 없다. 한 번의 사랑을 이뤄낸다면
그 안에는 사계절의 사랑이 담긴다.
다 사람 사는 일이 아닌가,
무엇이 되었든
당신도 충분히 어여쁜 사랑을 할 수 있다.
나는 그렇게 믿고 있다.

- 엮은이, **이근오** -

우리는 사랑을 통해 다치기도 하지만,
사랑 없이 살아갈 수는 없다.

- 에리히 프롬 -

**삶에 사랑이 없다면,
그 무엇이 의미 있으랴**

ⓒ이근오

초판 1쇄 인쇄 2025년 7월 30일

엮은이 이근오
디자인 김지혜
마케팅 정호윤, 김민지
펴낸곳 모티브
이메일 motive@billionairecorp.com

ISBN 979-11-94600-53-4 (03160)

파본은 구입하신 서점에서 교환해 드립니다.
이 책은 저작권법에 의해 보호를 받는 저작물이기에 무단 전재와 복제를 금합니다.